마법
술술한자

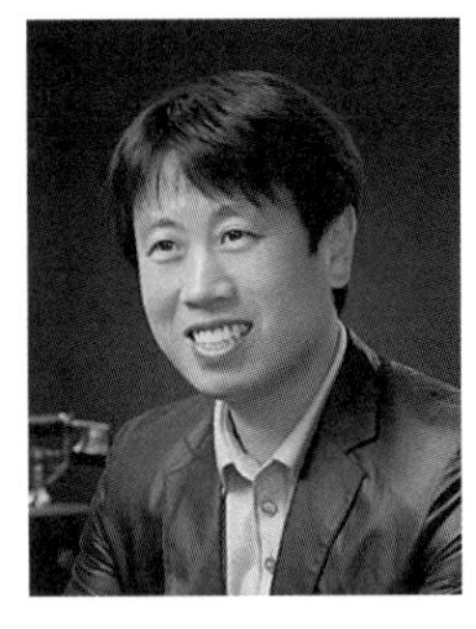지은이 **박두수**

- 한학자 집안에서 태어나 어려서부터 부친께 한문을 배우기 시작하여 가업을 잇는다는 정신으로 대학에서 한문을 전공하였습니다.

- 한자 때문에 힘들어서 울고 있는 어린 여학생을 보고, 저자도 어린 시절 부친께 한문을 배우면서 괴롭고 힘들었던 기억이 생각나 어떻게 하면 어려운 한자를 쉽게 가르칠 수 있을까 연구하였습니다.

- 오랜 시간 한자를 연구하여 새로운 뜻과 새로운 모양의 부수를 완성한 후 한자의 자원을 쉽게 풀이하고, 부수를 통해서 한자를 중국어 간화자로 변환시킬 수 있는 중국어 학습법을 개발하여 뜨거운 호응을 얻고 있습니다.

- 저자가 연구하여 완성한 새로운 뜻과 새로운 모양의 부수를 통해서 쉽게 배우는 한자와 중국어 간화자 학습법을 알리기 위하여 일간신문에 '박두수의 술술한자'를 연재하고 있습니다.

- 저서로는 새로운 뜻과 새로운 모양의 부수를 제시하여 전국 판매량 1위를 기록한 한자능력검정시험 수험서 《마법 술술한자》(전9권), 초등학교 교과서를 분석하여 초등학생의 눈높이에 맞는 한자 공부법을 제시한 《초등 학습 한자》(전6권), 한국어문회에서 실시하는 《한자능시 기출·적중 문제집 3급》, 대한상공회의소에서 실시하는 《상공회의소 한자시험 중급》 등이 있습니다.

이메일 : dshanja@naver.com
휴대폰 : 010-5052-5321

한국어문회 주관 | 한국한자능력검정회 시행

마법 술술한자

박두수 지음

중앙에듀북스

안녕하세요? 박두수입니다.

❗ 한자 학습 왜 해야 될까요?

- 한자는 세계 인구의 26%가 사용하는 동양권의 대표문자입니다.
- 우리말의 70% 이상을 차지하고 있는 것이 한자어입니다.

❗ 한자를 잘하면 왜 공부를 잘하게 될까요?

- 한자는 풍부한 언어 문자 생활과 다른 과목의 학습을 도와주는 역할을 합니다.
- 중학교 1학년 기본 10개 교과목에 2,122자의 한자로 약 14만 번의 한자어가 출현합니다.
- 한자표기를 통한 학습에서 43%가 학업성적이 향상되었습니다.

❗ 쓰기 및 암기 위주의 한자 학습 이제 바뀌어야 합니다.

- 한자는 뜻을 나타내는 표의자로 각 글자마다 만들어진 원리가 있습니다.
- 한자는 만들어진 원리를 생각하며 학습하면 쉽게 익힐 수 있습니다.

❗ 올바른 한자 학습을 위해서는 부수를 제대로 알아야 합니다.

- 부수는 한자를 이루는 최소 단위입니다.
  - ❶ 日(해) + 一(지평선) = 旦(아침 단)　　**해가 지평선** 위로 떠오를 때는 **아침**이니
  - ❷ 囗(울타리) + 人(사람) = 囚(가둘 수)　　**울타리** 안에 죄지은 **사람**을 **가두니**
  - ❸ 自(코) + 犬(개) = 臭(냄새 취)　　**코**로 **개**처럼 **냄새** 맡으니
- 올바른 한자 학습을 위해서는 一(지평선), 囗(울타리), 自(코)를 뜻하는 것을 알아야 되겠지요?

❗ 술술한자의 특색 및 구성

- 한자를 연구하여 새로운 뜻과 새로운 모양의 술술한자 부수를 완성하였습니다.
- 누구나 볼 수 있도록 초등학생 수준에 맞추어 풀이를 쉽게 하였습니다.
- 한자를 나누고 자원을 생각하며 공부할 수 있도록 구성하였습니다.
- 지속적인 반복과 실력을 확인할 수 있도록 다양한 평가를 구성하였습니다.

"선생님! 해도 해도 안 돼요. 한자가 너무 어려워요."

이렇게 말하면서 울먹이던 어린 여학생의 안타까운 눈망울을 보며 '어떻게 하면 한자를 쉽게 익힐 수 있을까' 오랜 시간 기도하며 연구하였습니다.

누구나 한자와 보다 쉽게 친해지게 하려는 열정만으로 쓴 책이라 부족함이 많습니다.

한자의 자원을 정확히 알기는 어렵습니다. 아직 4% 정도만 자원을 제대로 유추할 수 있다고 합니다. 다양한 또 다른 자원이 가능하다는 뜻입니다.

부디 술술한자가 한자와 친해지는 계기가 되고 여러분께 많은 도움이 되기를 진심으로 기도합니다.

오랫동안 한자를 지도해 주시거나 주야로 기도해 주신 분들과 술술한자가 출간될 수 있도록 도움을 주신 모든 분들께 진심으로 사랑과 감사의 말씀드립니다.

박두수 올림

❗ **한자는 무조건 쓰고 외우지 마세요.**

1. 한자는 뜻을 나타내는 표의자입니다. 각 글자마다 형성된 원리가 있습니다.

> 예
> 鳴(울 명) : 입(口)으로 새(鳥)는 울까요? 짖을까요? 울지요! 그래서 울 명
> 吠(짖을 폐) : 입(口)으로 개(犬)는 울까요? 짖을까요? 짖지요! 그래서 짖을 폐

2. 한자는 모양이 비슷한 글자가 너무나 많아 무조건 쓰고 외우는 데는 한계가 있습니다.

> 예
> 閣(집 각)   間(사이 간)   開(열 개)   聞(들을 문)   問(물을 문)   閉(닫을 폐)   閑(한가할 한)

❗ **그럼 어떻게 공부해야 한자를 쉽게 익힐 수 있을까요?**

1. 먼저 한자를 나누어 왜 이런 글자들이 모여서 이런 뜻을 나타내게 되었는지 생각해 보세요.

> 예
> 休(쉴 휴) = 亻(사람 인) + 木(나무 목)
> 왜? 亻(사람)과 木(나무)가 모여서 休(쉴 휴)가 되었을까요?
> **사람**(亻)이 햇빛을 피해 **나무**(木) 밑에서 쉬었겠지요? 그래서 쉴 휴

2. 한자를 익힌 다음은 그 글자가 쓰인 단어와 뜻까지 익히세요.

> 예
> 休日(휴일) : 쉬는 날
> 休學(휴학) : 일정기간 학업을 쉼

3. 그 다음 단어가 쓰인 예문을 통해서 한자어를 익히세요.

> 예
> 그는 休日 아침마다 늦잠을 잔다.
> 형은 가정 형편이 어려워 休學 중이다.

4. 비슷한 글자끼리 연관 지어 익히세요.

> 예
>
> | 門 | + 日 | = | 間(사이 간) | 문(門)틈 사이로 해(日)가 비치니 |
> | | + 耳 | = | 聞(들을 문) | 문(門)에 귀(耳)를 대고 들으니 |
> | | + 口 | = | 問(물을 문) | 문(門)에 대고 입(口) 벌려 물으니 |

❗ 모든 한자를 가능한 한 자원으로 풀이했습니다.

> **예** 生(날 생, 살 생) 풀이

- '초목이 땅에 나서 자라는 모양'이라고 합니다. 하지만 술술한자는
- '사람(人)은 땅(土)에서 나 살아가니' 그래서 날 생, 살 생 이렇게 자원으로 풀이했습니다.

❗ 자원 풀이를 쉽게 했습니다.

- 자원 풀이 한자교재가 많지만 너무 학술적이어서 이해하기가 어렵습니다.
- 술술한자는 초등학생 수준에 맞추어 풀이를 쉽게 하였습니다.

> **예** 族(겨레 족) 풀이

- '깃발(方) 아래 화살(矢)을 들고 모여 겨레를 이루니'라고 합니다. 하지만 술술한자는
- '사방(方)에서 사람(人)과 사람(人)들이 모여 큰(大) 겨레를 이루니' 이렇게 쉽게 풀이했습니다.

❗ 모든 한자를 쓰는 순서대로 자원을 풀이했습니다.

- 쓰는 순서를 무시한 자원 풀이는 활용하기가 어렵습니다.

> **예** 囚(가둘 수) = 울타리(口) 안에 죄지은 사람(人)을 가두니

❗ 자원 풀이와 한자 쓰기가 한곳에 있어 학습에 많은 도움이 됩니다.

- 자원 풀이 밑에 곧바로 쓰는 빈칸이 있어 자원을 보고 한자를 쓰면서 익힐 수 있습니다.

❗ 철저히 자원 풀이에 입각한 학습을 하도록 구성하였습니다.

- 술술한자는 자원을 보며 한자를 쓸 수 있도록 본문을 구성했으며, 연습과 평가 부분도 자원을 생각하며 한자를 익힐 수 있도록 구성하였습니다.

❗ 배운 한자를 활용한 단어학습과 예문으로 어휘력을 길러줍니다.

- 배운 글자로만 단어를 구성하여 학습하기가 쉽습니다.
- 모든 단어는 한자를 활용하여 직역 위주로 풀이하였습니다.
- 예문을 통하여 단어를 익힐 수 있도록 모든 단어는 예문을 실었습니다.

❗ 학교 교과서에 자주 나오는 한자어를 분석하여 실었습니다.

- 교과서에 자주 나오는 한자어의 뜻을 한자를 통해 쉽게 익힐 수 있습니다.

❗ **해당 급수 신습한자를 50자씩 가나다순으로 배열하여 한눈에 익히도록 하였습니다.**

- 본문 학습 후 먼저 뜻과 음 부분을 가린 후 읽기를 점검하세요.
- 한자의 뜻과 음을 익히고 나면 한자와 부수 부분을 가린 후 쓰기를 점검하세요.

❶**8** 신 습 한 자

읽기? 뜻, 음을 가리고 읽어본 후 틀린 글자는 V표 하세요.
쓰기? 한자와 부수를 가리고 써본 후 틀린 글자는 V표 하세요.

읽 기		한자	부수	뜻	음	쓰 기	
❷1	2	❸教	❹攵	❺가르칠	❻교	1	2
		校	木	학교	교		

읽 기		한자	부수	뜻	음	쓰 기	
1	2	先	儿	먼저	선	1	2
		小	小	작을	소		

❶ **8** : 한자능력검정시험 급수 표시

❷ **1** **2** : 첫 번째 점검 후 틀린 글자는 번호 **1** 란에 표시를 하고, 두 번째 점검 후 틀린 글자는 번호 **2** 란에 표시를 하여 완전히 익히도록 합니다.

❸**教** : 신습한자 　　❹**攵** : 부수 　　❺**가르칠** : 뜻 　　❻**교** : 음

❗ **1회 학습량은 10자 단위로 구성하였습니다.**

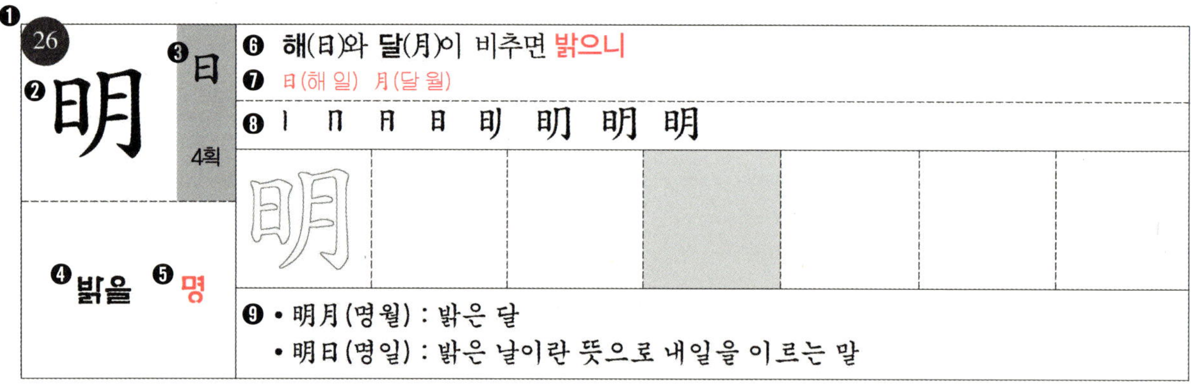

❶ 26 : 신습한자 번호

❷ **明** : 신습한자

❸ **日** **4획** : 부수와 부수를 제외한 획수

❹ **밝을** : 뜻

❺ **명** : 음

❻ **해(日)와 달(月)이 비추면 밝으니** : 글자를 나누어 쓰는 순서대로 풀이했습니다.

➜ 한자는 무조건 쓰고 외우기보다는 **日**(해 일)과 **月**(달 월)이 모여 왜 **明**(밝을 명)이 되었는지 자원을 이해한 후 읽으면서 써야 오래 기억됩니다.

❼ 日(해 일) 月(달 월) : 부수 설명 및 보충

❽ l 冂 冃 日 明 明 明 明 : 필순

❾ 明日(명일) : 배운 글자로만 단어를 구성하였으며 직역 위주로 풀이를 하였습니다.

❗ 자원으로 한자와 부수를 익히는 부분입니다.

자원으로 한자 알기

* **해**( )와 **달**(月)이 비추면 **밝으니**   ☞

* **문**(門)에 **귀**( )를 대고 **들으니**   ☞

* **문**(門)에 대고 **입**( ) 벌려 **물으니**   ☞

* **사람**( )이 **나무**(木)에 기대어 **쉬니**   ☞

(   ) 안에 들어가는 日(해 일)이 明(밝을 명)의 부수입니다.

(   ) 안에 부수 日을 쓰고 ☞ 오른쪽에 한자 明을 쓰세요.

예   **해**(日)와 **달**(月)이 비추면 **밝으니**   ☞ 明

❗ 심화 학습하는 부분입니다.

一思多得

❶ 敎(가르칠 교) 校(학교 교) 쓰임에 주의하세요.

敎(가르칠 교) : 敎師(교사) 敎室(교실) 敎訓(교훈)

校(학교 교) : 校歌(교가) 校門(교문) 校長(교장)

❗ 문제와 해답

다양한 형식의 문제들에 대한 해답은 해당 문제의 앞뒤 페이지나 위아래에 위치한 반대 유형의 문제를 참고하시면 됩니다.

차례

본문 익히기

읽기? 뜻, 음을 가리고 읽어본 후 틀린 글자는 V표 하세요.
쓰기? 한자와 부수를 가리고 써본 후 틀린 글자는 V표 하세요.

읽기 1	읽기 2	한자	부수	뜻	음	쓰기 1	쓰기 2
		敎	攵	가르칠	교		
		校	木	학교	교		
		九	乙	아홉	구		
		國	口	나라	국		
		軍	車	군사	군		
		金	金	쇠	금		
		南	十	남녘	남		
		女	女	계집	녀		
		年	干	해	년		
		大	大	큰	대		
		東	木	동녘	동		
		六	八	여섯	륙		
		萬	艹	일만	만		
		母	毋	어미	모		
		木	木	나무	목		
		門	門	문	문		
		民	氏	백성	민		
		白	白	흰	백		
		父	父	아비	부		
		北	匕	북녘	북		
		四	口	넉	사		
		山	山	산	산		
		三	一	석	삼		
		生	生	날	생		
		西	西	서녘	서		

읽기 1	읽기 2	한자	부수	뜻	음	쓰기 1	쓰기 2
		先	儿	먼저	선		
		小	小	작을	소		
		水	水	물	수		
		室	宀	집	실		
		十	十	열	십		
		五	二	다섯	오		
		王	玉	임금	왕		
		外	夕	바깥	외		
		月	月	달	월		
		二	二	둘	이		
		人	人	사람	인		
		一	一	한	일		
		日	日	날	일		
		長	長	길	장		
		弟	弓	아우	제		
		中	丨	가운데	중		
		靑	靑	푸를	청		
		寸	寸	마디	촌		
		七	一	일곱	칠		
		土	土	흙	토		
		八	八	여덟	팔		
		學	子	배울	학		
		韓	韋	나라	한		
		兄	儿	형	형		
		火	火	불	화		

읽기 1	읽기 2	한자	부수	뜻	음	쓰기 1	쓰기 2
		家	宀	집	가		
		間	門	사이	간		
		江	氵	강	강		
		車	車	수레	거		
		工	工	장인	공		
		空	穴	빌	공		
		氣	气	기운	기		
		記	言	기록할	기		
		男	田	사내	남		
		內	入	안	내		
		農	辰	농사	농		
		答	竹	대답할	답		
		道	辶	길	도		
		動	力	움직일	동		
		力	力	힘	력		
		立	立	설	립		
		每	毋	매양	매		
		名	口	이름	명		
		物	牛	물건	물		
		方	方	모	방		
		不	一	아닐	불		
		事	亅	일	사		
		上	一	윗	상		
		姓	女	성	성		
		世	一	세대	세		

읽기 1	읽기 2	한자	부수	뜻	음	쓰기 1	쓰기 2
		手	手	손	수		
		市	巾	시장	시		
		時	日	때	시		
		食	食	밥	식		
		安	宀	편안할	안		
		午	十	낮	오		
		右	口	오른쪽	우		
		子	子	아들	자		
		自	自	스스로	자		
		場	土	마당	장		
		全	入	온전할	전		
		前	刂	앞	전		
		電	雨	번개	전		
		正	止	바를	정		
		足	足	발	족		
		左	工	왼쪽	좌		
		直	目	곧을	직		
		平	干	평평할	평		
		下	一	아래	하		
		漢	氵	한나라	한		
		海	氵	바다	해		
		話	言	말씀	화		
		活	氵	살	활		
		孝	子	효도	효		
		後	彳	뒤	후		

읽기 1	읽기 2	한자	부수	뜻	음	쓰기 1	쓰기 2
		歌	欠	노래	가		
		口	口	입	구		
		旗	方	기	기		
		冬	冫	겨울	동		
		同	口	같을	동		
		洞	氵	마을	동		
		登	癶	오를	등		
		來	人	올	래		
		老	老	늙을	로		
		里	里	마을	리		
		林	木	수풀	림		
		面	面	얼굴	면		
		命	口	명령할	명		
		問	口	물을	문		
		文	文	글월	문		
		百	白	일백	백		
		夫	大	사내	부		
		算	竹	셈	산		
		色	色	빛	색		
		夕	夕	저녁	석		
		少	小	적을	소		
		所	戶	곳	소		
		數	攵	셈	수		
		植	木	심을	식		
		心	心	마음	심		

읽기 1	읽기 2	한자	부수	뜻	음	쓰기 1	쓰기 2
		語	言	말씀	어		
		然	灬	그럴	연		
		有	月	있을	유		
		育	月	기를	육		
		邑	邑	고을	읍		
		入	入	들	입		
		字	子	글자	자		
		祖	示	할아비	조		
		主	丶	주인	주		
		住	亻	살	주		
		重	里	무거울	중		
		地	土	땅	지		
		紙	糸	종이	지		
		千	十	일천	천		
		天	大	하늘	천		
		川	川	내	천		
		草	艹	풀	초		
		村	木	마을	촌		
		秋	禾	가을	추		
		春	日	봄	춘		
		出	山	날	출		
		便	亻	편할	편		
		夏	夂	여름	하		
		花	艹	꽃	화		
		休	亻	쉴	휴		

6Ⅱ-1 신습한자

읽기? 뜻, 음을 가리고 읽어본 후 틀린 글자는 V표 하세요.
쓰기? 한자와 부수를 가리고 써본 후 틀린 글자는 V표 하세요.

읽기 1	읽기 2	한자	부수	뜻	음	쓰기 1	쓰기 2
		各	口	각각	각		
		角	角	뿔	각		
		界	田	경계	계		
		計	言	셀	계		
		高	高	높을	고		
		公	八	공평할	공		
		共	八	함께	공		
		功	力	공	공		
		果	木	열매	과		
		科	禾	과목	과		
		光	儿	빛	광		
		球	玉	공	구		
		今	人	이제	금		
		急	心	급할	급		
		短	矢	짧을	단		
		堂	土	집	당		
		代	亻	대신할	대		
		對	寸	대할	대		
		圖	口	그림	도		
		讀	言	읽을	독		
		童	立	아이	동		
		等	竹	무리	등		
		樂	木	즐길	락		
		利	刂	이로울	리		
		理	玉	다스릴	리		

읽기 1	읽기 2	한자	부수	뜻	음	쓰기 1	쓰기 2
		明	日	밝을	명		
		聞	耳	들을	문		
		半	十	반	반		
		反	又	돌이킬	반		
		班	玉	나눌	반		
		發	癶	쏠	발		
		放	攵	놓을	방		
		部	阝	나눌	부		
		分	刀	나눌	분		
		社	示	모일	사		
		書	曰	글	서		
		線	糸	줄	선		
		雪	雨	눈	설		
		成	戈	이룰	성		
		省	目	살필	성		
		消	氵	사라질	소		
		術	行	재주	술		
		始	女	비로소	시		
		信	亻	믿을	신		
		新	斤	새	신		
		神	示	귀신	신		
		身	身	몸	신		
		弱	弓	약할	약		
		藥	艹	약	약		
		業	木	일	업		

읽기? 뜻, 음을 가리고 읽어본 후 틀린 글자는 V표 하세요.
쓰기? 한자와 부수를 가리고 써본 후 틀린 글자는 V표 하세요.

읽기 1	읽기 2	한자	부수	뜻	음	쓰기 1	쓰기 2
		勇	力	날랠	용		
		用	用	쓸	용		
		運	辶	옮길	운		
		音	音	소리	음		
		飮	食	마실	음		
		意	心	뜻	의		
		作	亻	지을	작		
		昨	日	어제	작		
		才	扌	재주	재		
		戰	戈	싸움	전		
		庭	广	뜰	정		
		第	竹	차례	제		
		題	頁	문제	제		

읽기 1	읽기 2	한자	부수	뜻	음	쓰기 1	쓰기 2
		注	氵	부을	주		
		集	隹	모일	집		
		窓	穴	창	창		
		淸	氵	맑을	청		
		體	骨	몸	체		
		表	衣	겉	표		
		風	風	바람	풍		
		幸	干	다행	행		
		現	玉	나타날	현		
		形	彡	모양	형		
		和	口	화할	화		
		會	曰	모일	회		

선습한자

읽기 1	읽기 2	한자	부수	뜻	음	쓰기 1	쓰기 2
		感	心	느낄	감		
		強	弓	강할	강		
		開	門	열	개		
		京	亠	서울	경		
		古	口	예	고		
		苦	艹	쓸	고		
		交	亠	사귈	교		
		區	匸	구분할	구		
		郡	阝	고을	군		
		根	木	뿌리	근		
		近	辶	가까울	근		
		級	糸	등급	급		
		多	夕	많을	다		
		待	彳	기다릴	대		
		度	广	법도	도		
		頭	頁	머리	두		
		例	亻	법식	례		
		禮	示	예도	례		
		路	足	길	로		
		綠	糸	푸를	록		
		李	木	오얏	리		
		目	目	눈	목		
		美	羊	아름다울	미		
		米	米	쌀	미		
		朴	木	성	박		

읽기 1	읽기 2	한자	부수	뜻	음	쓰기 1	쓰기 2
		番	田	차례	번		
		別	刂	나눌	별		
		病	疒	병	병		
		服	月	옷	복		
		本	木	근본	본		
		使	亻	하여금	사		
		死	歹	죽을	사		
		席	巾	자리	석		
		石	石	돌	석		
		速	辶	빠를	속		
		孫	子	손자	손		
		樹	木	나무	수		
		習	羽	익힐	습		
		勝	力	이길	승		
		式	弋	법	식		
		失	大	잃을	실		
		愛	心	사랑	애		
		夜	夕	밤	야		
		野	里	들	야		
		洋	氵	큰 바다	양		
		陽	阝	볕	양		
		言	言	말씀	언		
		永	水	길	영		
		英	艹	꽃부리	영		
		溫	氵	따뜻할	온		

읽기 1	읽기 2	한자	부수	뜻	음	쓰기 1	쓰기 2
		園	囗	동산	원		
		遠	辶	멀	원		
		由	田	말미암을	유		
		油	氵	기름	유		
		銀	金	은	은		
		衣	衣	옷	의		
		醫	酉	의원	의		
		者	耂	사람	자		
		章	立	글	장		
		在	土	있을	재		
		定	宀	정할	정		
		朝	月	아침	조		
		族	方	겨레	족		

읽기 1	읽기 2	한자	부수	뜻	음	쓰기 1	쓰기 2
		晝	日	낮	주		
		親	見	친할	친		
		太	大	클	태		
		通	辶	통할	통		
		特	牛	특별할	특		
		合	口	합할	합		
		行	行	다닐	행		
		向	口	향할	향		
		號	虍	이름	호		
		畫	田	그림	화		
		黃	黃	누를	황		
		訓	言	가르칠	훈		

6Ⅱ
신습한자

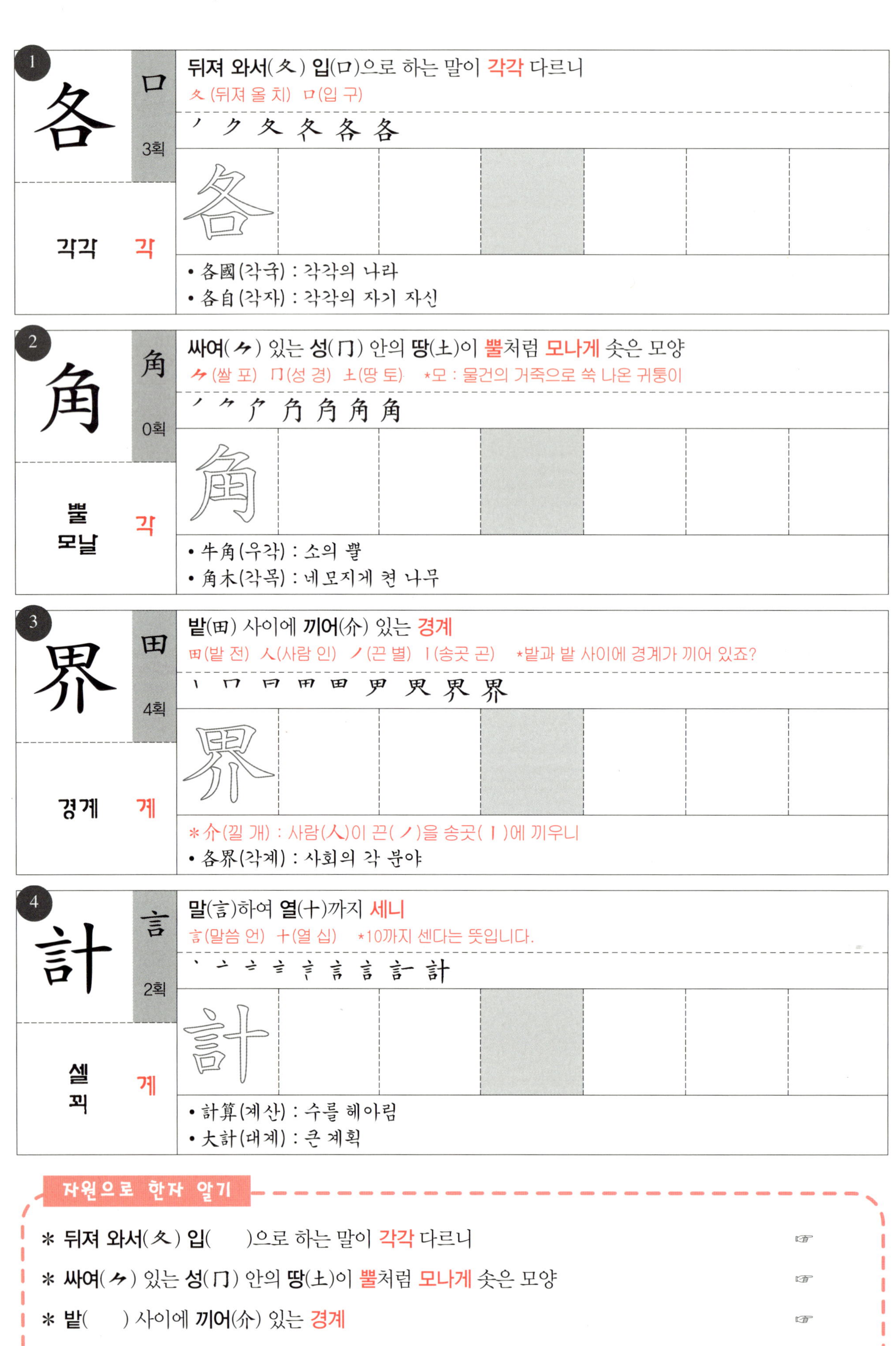

1 各 / 口 / 3획 / 각각 **각**

뒤져 와서(夂) 입(口)으로 하는 말이 **각각** 다르니
夂(뒤져 올 치) 口(입 구)

ノ ク 夂 各 各 各

- 各國(각국) : 각각의 나라
- 各自(각자) : 각각의 자기 자신

2 角 / 角 / 0획 / 뿔 모날 **각**

싸여(勹) 있는 성(冂) 안의 땅(土)이 **뿔**처럼 **모나게** 솟은 모양
勹(쌀 포) 冂(성 경) 土(땅 토)   *모 : 물건의 거죽으로 쑥 나온 귀퉁이

ノ ク ク 户 角 角 角

- 牛角(우각) : 소의 뿔
- 角木(각목) : 네모지게 켠 나무

3 界 / 田 / 4획 / 경계 **계**

밭(田) 사이에 끼어(介) 있는 **경계**
田(밭 전) 人(사람 인) ノ(끈 별) ㅣ(송곳 곤)   *밭과 밭 사이에 경계가 끼어 있죠?

ㅣ 冂 曰 田 田 界 界 界 界

*介(낄 개) : 사람(人)이 끈(ノ)을 송곳(ㅣ)에 끼우니
- 各界(각계) : 사회의 각 분야

4 計 / 言 / 2획 / 셀 꾀 **계**

말(言)하여 열(十)까지 **세니**
言(말씀 언) 十(열 십)   *10까지 센다는 뜻입니다.

丶 一 二 三 言 言 言 言 計

- 計算(계산) : 수를 헤아림
- 大計(대계) : 큰 계획

---

* 뒤져 와서(夂) 입(   )으로 하는 말이 **각각** 다르니
* 싸여(勹) 있는 성(冂) 안의 땅(土)이 **뿔**처럼 **모나게** 솟은 모양
* 밭(   ) 사이에 끼어(介) 있는 **경계**
* 말(   )하여 열(十)까지 **세니**

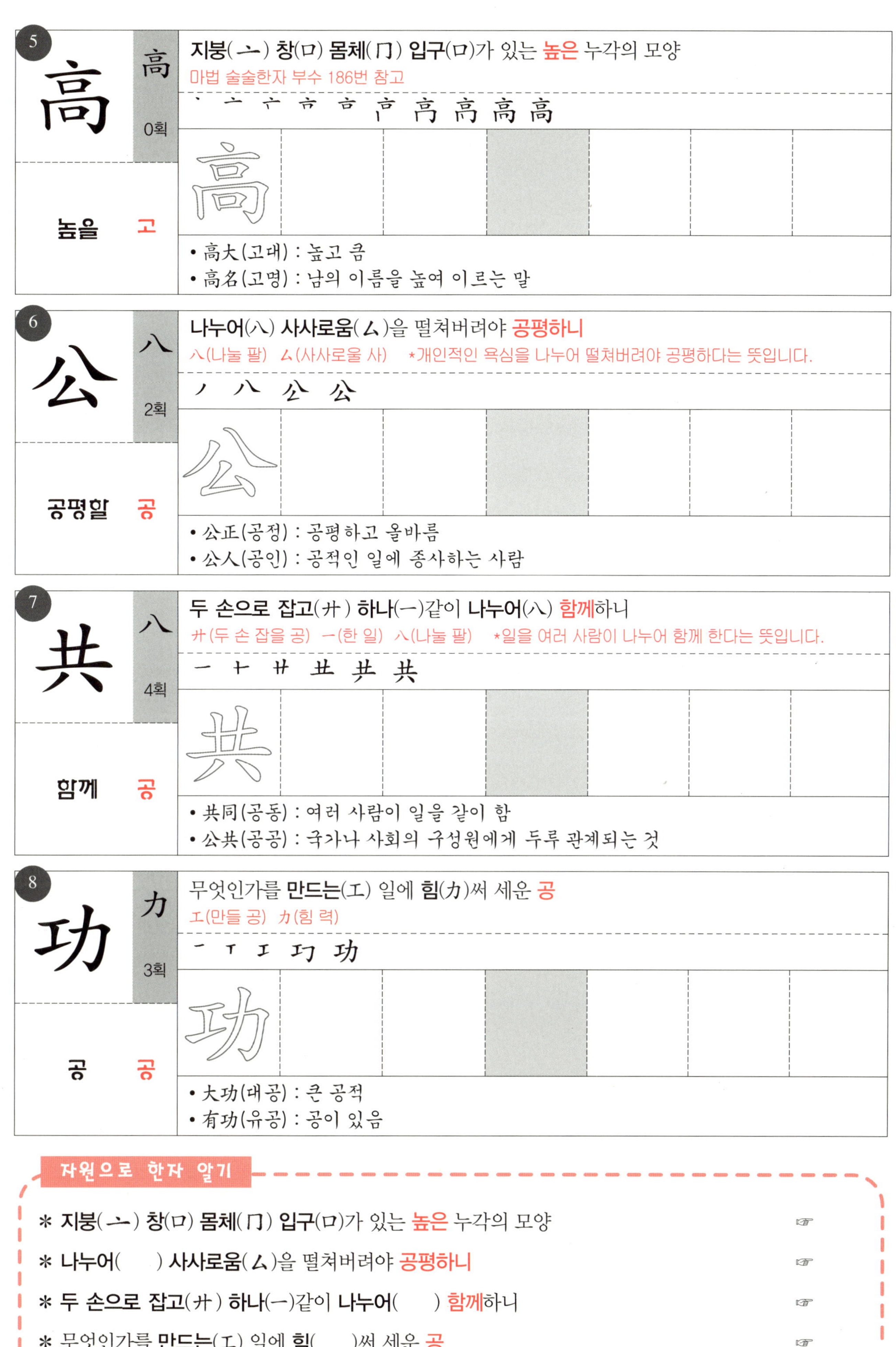

5 高 / 高 / 0획 / 높을 고

지붕(亠) 창(口) 몸체(冂) 입구(口)가 있는 **높은** 누각의 모양
마법 술술한자 부수 186번 참고

丶 一 亠 产 高 高 高 高 高 高

- 高大(고대) : 높고 큼
- 高名(고명) : 남의 이름을 높여 이르는 말

6 公 / 八 / 2획 / 공평할 공

나누어(八) 사사로움(厶)을 떨쳐버려야 **공평하니**
八(나눌 팔) 厶(사사로울 사) *개인적인 욕심을 나누어 떨쳐버려야 공평하다는 뜻입니다.

丿 八 公 公

- 公正(공정) : 공평하고 올바름
- 公人(공인) : 공적인 일에 종사하는 사람

7 共 / 八 / 4획 / 함께 공

두 손으로 잡고(卄) 하나(一)같이 **나누어(八) 함께**하니
卄(두 손 잡을 공) 一(한 일) 八(나눌 팔) *일을 여러 사람이 나누어 함께 한다는 뜻입니다.

一 十 卄 丑 共 共

- 共同(공동) : 여러 사람이 일을 같이 함
- 公共(공공) : 국가나 사회의 구성원에게 두루 관계되는 것

8 功 / 力 / 3획 / 공 공

무엇인가를 **만드는(工)** 일에 **힘(力)**써 세운 **공**
工(만들 공) 力(힘 력)

一 丁 工 功 功

- 大功(대공) : 큰 공적
- 有功(유공) : 공이 있음

자원으로 한자 알기

* 지붕(亠) 창(口) 몸체(冂) 입구(口)가 있는 **높은** 누각의 모양 ☞

* 나누어(   ) 사사로움(厶)을 떨쳐버려야 **공평하니** ☞

* 두 손으로 잡고(卄) 하나(一)같이 **나누어(   ) 함께**하니 ☞

* 무엇인가를 **만드는(工)** 일에 **힘(   )**써 세운 **공** ☞

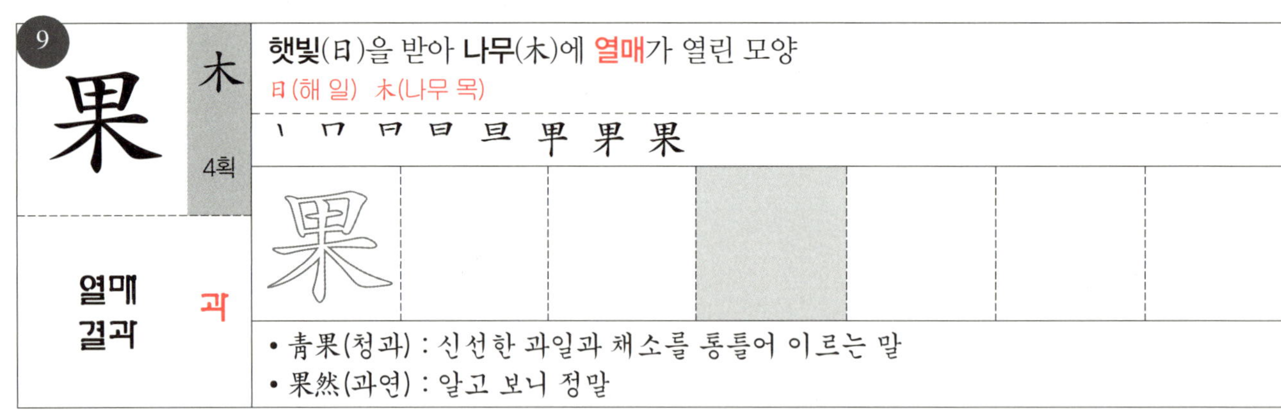

9 果	木 4획	햇빛(日)을 받아 **나무(木)**에 **열매**가 열린 모양 日(해 일) 木(나무 목)
		`ᅵ 冂 冂 日 旦 甲 果 果`
		果
열매 결과	과	• 靑果(청과) : 신선한 과일과 채소를 통틀어 이르는 말 • 果然(과연) : 알고 보니 정말

10 科	禾 4획	**벼(禾)**를 **말(斗)**로 헤아려 구분하듯 구분해 놓은 **과목** 禾(벼 화) 斗(말 두) *말 : 곡식, 액체, 가루 따위의 분량을 되는 데 쓰는 그릇
		`ᅵ ᅼ 千 禾 禾 禾 禾 科 科`
		科
과목	과	• 敎科(교과) : 가르치는 과목 • 科目(과목) : 공부할 지식 분야를 갈라놓은 것

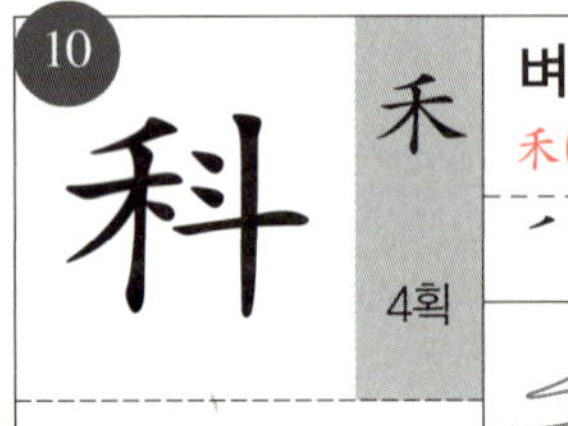

* **햇빛(日)**을 받아 **나무(　　)**에 **열매**가 열린 모양　　☞
* **벼(　　)**를 **말(斗)**로 헤아려 구분하듯 구분해 놓은 **과목**　　☞

① 各(각각 **각**)　名(이름 **명**) 잘 구별하세요.

各(각각 **각**) : **뒤져 와서(夂) 입(口)**으로 하는 말이 **각각** 다르니

名(이름 **명**) : **저녁(夕)**에는 어두워 **입(口)**으로 **이름**을 불러 확인하니

夂	+	冫	=	冬(겨울 **동**)	**뒤져 오면서(夂) 얼음(冫)**이 어는 계절은 **겨울**이니
	+	口	=	各(각각 **각**)	**뒤져 와서(夂) 입(口)**으로 하는 말이 **각각** 다르니

田	+	力	=	男(사내 **남**)	**밭(田)**에서 **힘(力)**써 일하는 **사내**
	+	介	=	界(경계 **계**)	**밭(田)** 사이에 **끼어(介)** 있는 **경계**

 다음 한자를 나누고 **자원**을 쓰면서 익히세요.

各 각각 각	=		+	
角 뿔 각	=		+		+	
界 경계 계	=		+	
計 셀 계	=		+	
高 높을 고	=		+		+		+	
公 공평할 공	=		+	
共 함께 공	=		+		+	
功 공 공	=		+	
果 열매 과	=		+	
科 과목 과	=		+	

 다음 한자어의 **독음**을 쓰세요.

各 國	各 自	牛 角	角 木
各 界	計 算	大 計	高 大
高 名	公 正	公 人	共 同
公 共	大 功	有 功	青 果
果 然	敎 科	科 目	

 다음 한자어를 **한자**로 쓰세요.

각각 각	나라 국	소 우	뿔 각	각각 각	경계 계	셀 계	셈 산
높을 고	큰 대	공평할 공	바를 정	함께 공	같을 동	큰 대	공 공
푸를 청	열매 과	가르칠 교	과목 과	각각 각	자기 자	모날 각	나무 목
큰 대	꾀할 계	높을 고	이름 명	공평할 공	사람 인	공평할 공	함께 공
있을 유	공 공	결과 과	그럴 연	과목 과	항목 목		

1. 그는 유럽 **各國**을 여행하였다.

2. 그들은 회의를 마치고 **各自** 집으로 돌아갔다.

3. 구불구불한 하천이 마치 **牛角**처럼 생겼다.

4. 갑자기 **角木**을 든 청년들이 나타나 행패를 부리기 시작하였다.

5. 불우 이웃 돕기 운동에 **各界**의 온정이 쏟아지고 있다.

6. 그 은행원은 **計算**을 잘못하여 모자란 금액을 자기 월급으로 채웠다.

7. 미래를 위한 **大計**를 세우다.

8. **高大**한 뜻을 품고 외국 유학길에 올랐다.

9. 선생님의 **高名**은 익히 알고 있었습니다.

10. 법관은 법과 양심에 따라 자신의 판결에 최대한 **公正**을 기해야 한다.

11. 공무원은 **公人**으로서 자기의 책임을 다해야 한다.

12. 형과 아우가 보고서를 **共同**으로 작성하였다.

13. 공원은 **公共**기관이므로 깨끗이 사용해야 한다.

14. 이번 전투에서 **大功**을 세웠다.

15. 그는 국가 발전의 **有功**을 인정받아 대통령 표창을 받았다.

16. 신선한 과일은 **青果** 시장에 가면 저렴하게 살 수 있다.

17. 소문에 듣던 대로 **果然** 미인이로구나!

18. 학원에서는 학교에서 배우는 **教科** 진도보다 빠르게 나간다.

19. 학기말 시험에는 전 **科目**을 모두 시험 본다.

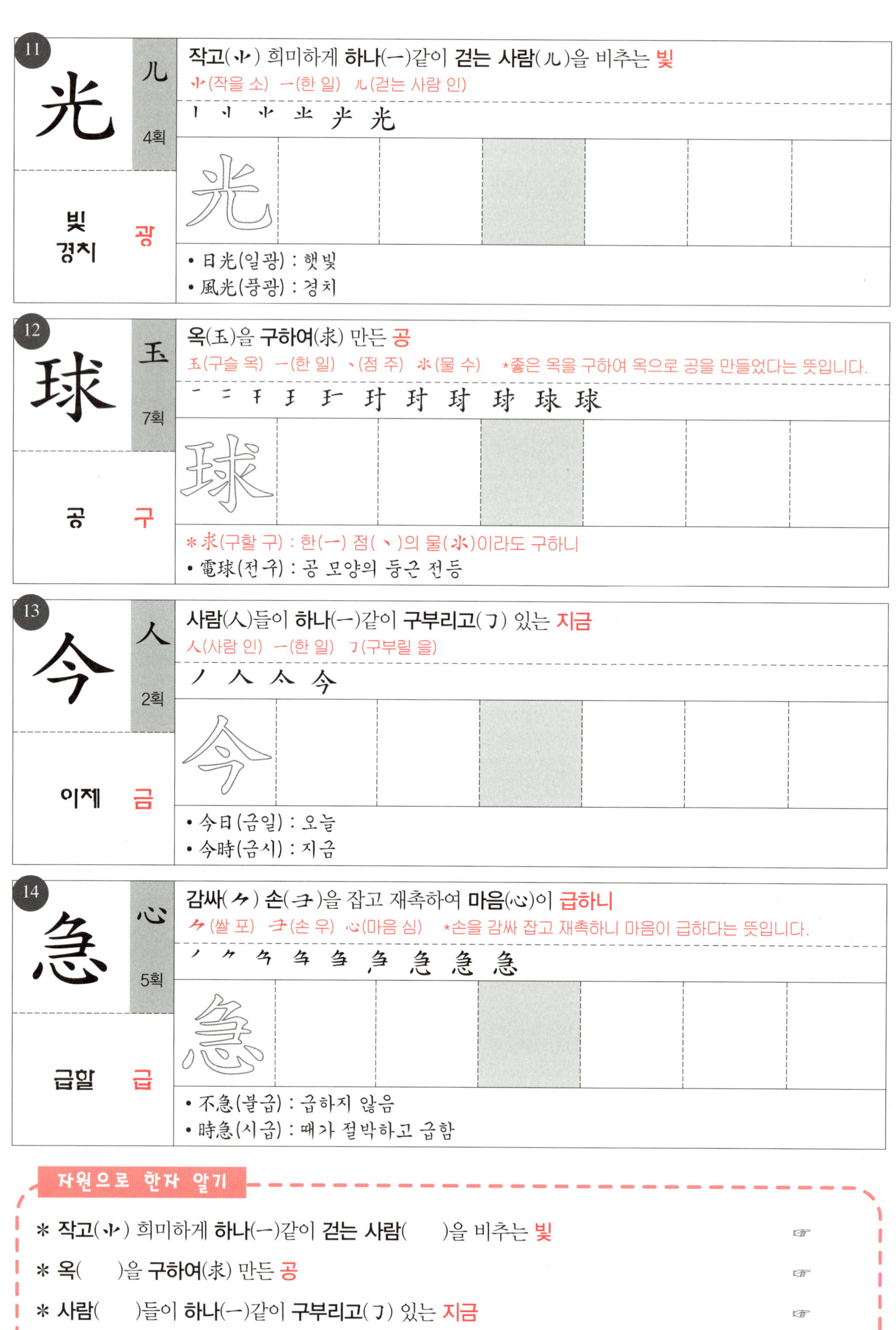

11 光 / 儿 / 4획 / 빛 경치 / 광

작고(⺌) 희미하게 **하나**(一)같이 **걷는 사람**(儿)을 비추는 **빛**
⺌(작을 소) 一(한 일) 儿(걷는 사람 인)

丨 丨 丨 ⺌ 半 卆 光

- 日光(일광) : 햇빛
- 風光(풍광) : 경치

12 球 / 玉 / 7획 / 공 / 구

옥(玉)을 **구하여**(求) 만든 **공**
玉(구슬 옥) 一(한 일) 丶(점 주) 氺(물 수) *좋은 옥을 구하여 옥으로 공을 만들었다는 뜻입니다.

一 二 三 干 王 王 玝 玗 玗 球 球 球

- *求(구할 구) : 한(一) 점(丶)의 물(氺)이라도 구하니
- 電球(전구) : 공 모양의 둥근 전등

13 今 / 人 / 2획 / 이제 / 금

사람(人)들이 **하나**(一)같이 **구부리고**(フ) 있는 **지금**
人(사람 인) 一(한 일) フ(구부릴 을)

丿 人 亼 今

- 今日(금일) : 오늘
- 今時(금시) : 지금

14 急 / 心 / 5획 / 급할 / 급

감싸(⺈) **손**(ヨ)을 잡고 재촉하여 **마음**(心)이 **급하니**
⺈(쌀 포) ヨ(손 우) 心(마음 심) *손을 감싸 잡고 재촉하니 마음이 급하다는 뜻입니다.

丿 ⺈ ⺈ 刍 刍 乌 急 急 急

- 不急(불급) : 급하지 않음
- 時急(시급) : 때가 절박하고 급함

자원으로 한자 알기

* 작고(⺌) 희미하게 **하나**(一)같이 **걷는 사람**(　　)을 비추는 **빛**

* 옥(　　)을 **구하여**(求) 만든 **공**

* 사람(　　)들이 **하나**(一)같이 **구부리고**(フ) 있는 **지금**

* 감싸(⺈) 손(ヨ)을 잡고 재촉하여 **마음**(　　)이 **급하니**

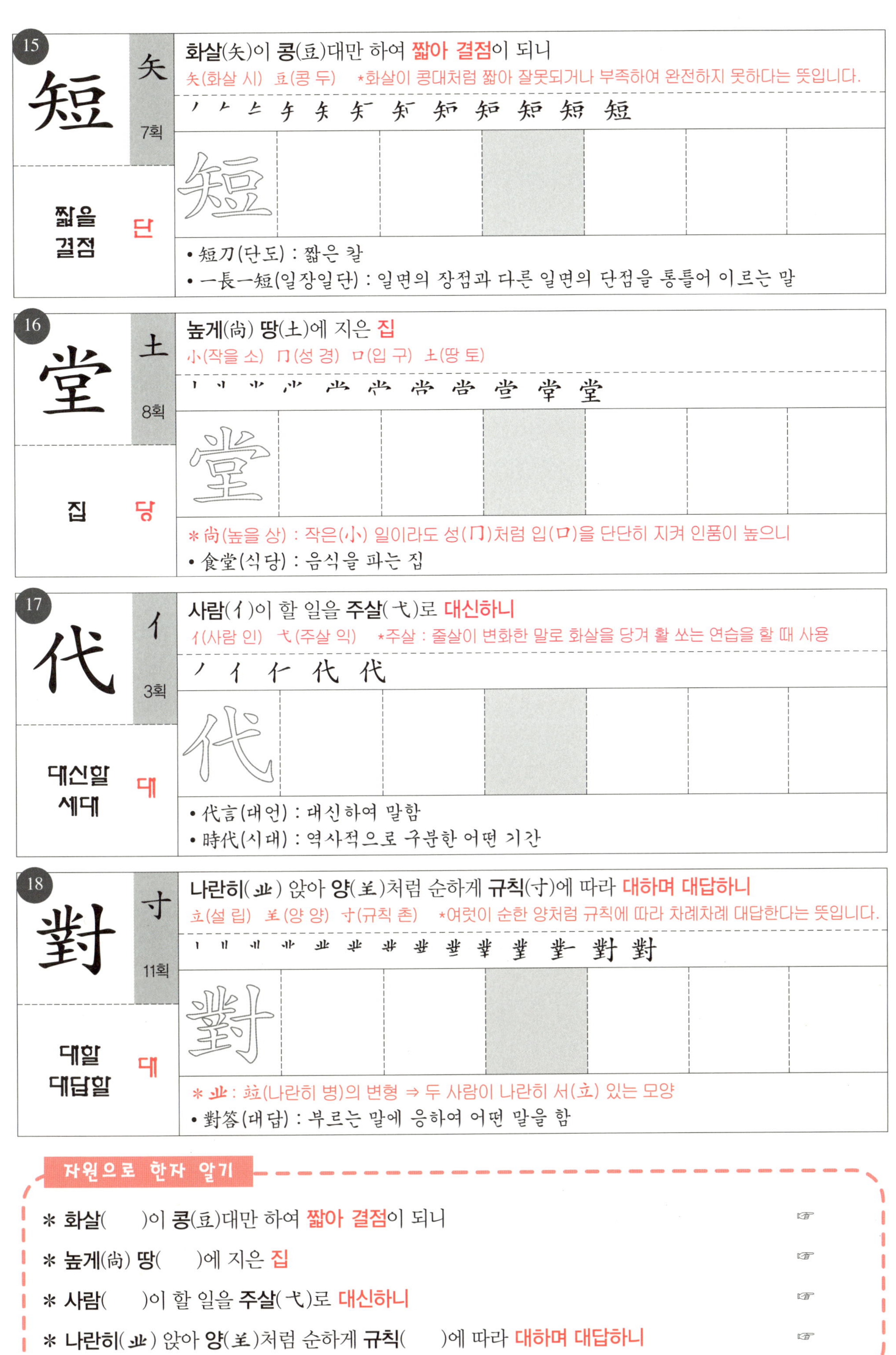

15 短 7획	矢	화살(矢)이 콩(荳)대만 하여 **짧아 결점**이 되니
		矢(화살 시) 荳(콩 두) *화살이 콩대처럼 짧아 잘못되거나 부족하여 완전하지 못하다는 뜻입니다.

`丿 𠂉 ⸢ 午 矢 矢 矩 知 知 知 短 短`

짧을 결점 단

- 短刀(단도) : 짧은 칼
- 一長一短(일장일단) : 일면의 장점과 다른 일면의 단점을 통틀어 이르는 말

16 堂 8획	土	높게(尚) 땅(土)에 지은 **집**
		小(작을 소) 冂(성 경) 口(입 구) 土(땅 토)

`丨 丿 丷 尚 尚 尚 尚 堂 堂 堂 堂`

집 당

- *尚(높을 상) : 작은(小) 일이라도 성(冂)처럼 입(口)을 단단히 지켜 인품이 높으니
- 食堂(식당) : 음식을 파는 집

17 代 3획	亻	사람(亻)이 할 일을 주살(弋)로 **대신하니**
		亻(사람 인) 弋(주살 익) *주살 : 줄살이 변화한 말로 화살을 당겨 활 쏘는 연습을 할 때 사용

`丿 亻 亻 代 代`

대신할 세대 대

- 代言(대언) : 대신하여 말함
- 時代(시대) : 역사적으로 구분한 어떤 기간

18 對 11획	寸	나란히(业) 앉아 양(羊)처럼 순하게 **규칙(寸)**에 따라 **대하며 대답하니**
		立(설 립) 羊(양 양) 寸(규칙 촌) *여럿이 순한 양처럼 규칙에 따라 차례차례 대답한다는 뜻입니다.

`丨 丬 丬 业 业 业 业 業 業 業 對 對`

대할 대답할 대

- *业 : 竝(나란히 병)의 변형 ⇒ 두 사람이 나란히 서(立) 있는 모양
- 對答(대답) : 부르는 말에 응하여 어떤 말을 함

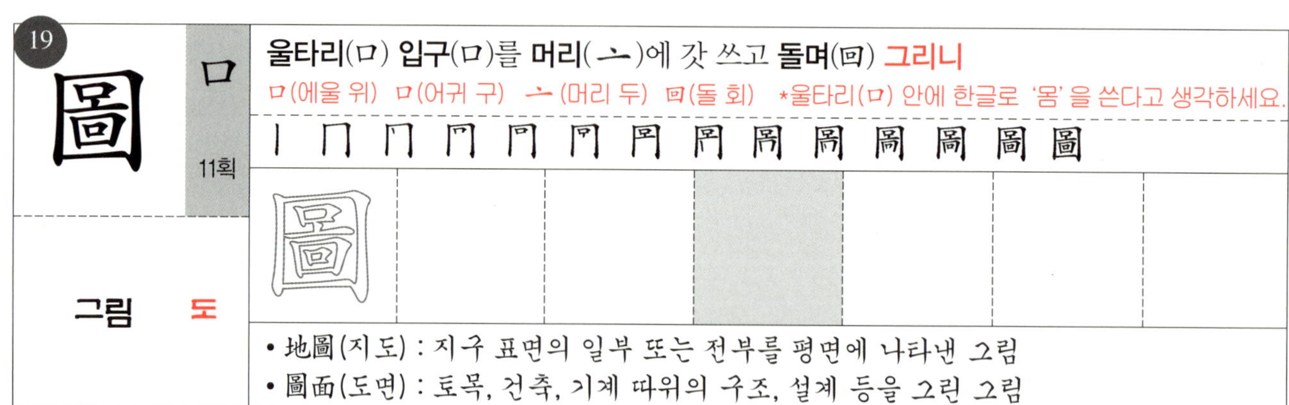

19 圖 11획 그림 도	口	울타리(囗) 입구(口)를 머리(亠)에 갓 쓰고 돌며(回) **그리니**

囗(에울 위)　口(어귀 구)　亠(머리 두)　回(돌 회)　*울타리(囗) 안에 한글로 '몸'을 쓴다고 생각하세요.

| 丨 冂 冋 冋 周 周 圖 周 圖 圖 圖 圖 圖 圖 圖 |

- 地圖(지도) : 지구 표면의 일부 또는 전부를 평면에 나타낸 그림
- 圖面(도면) : 토목, 건축, 기계 따위의 구조, 설계 등을 그린 그림

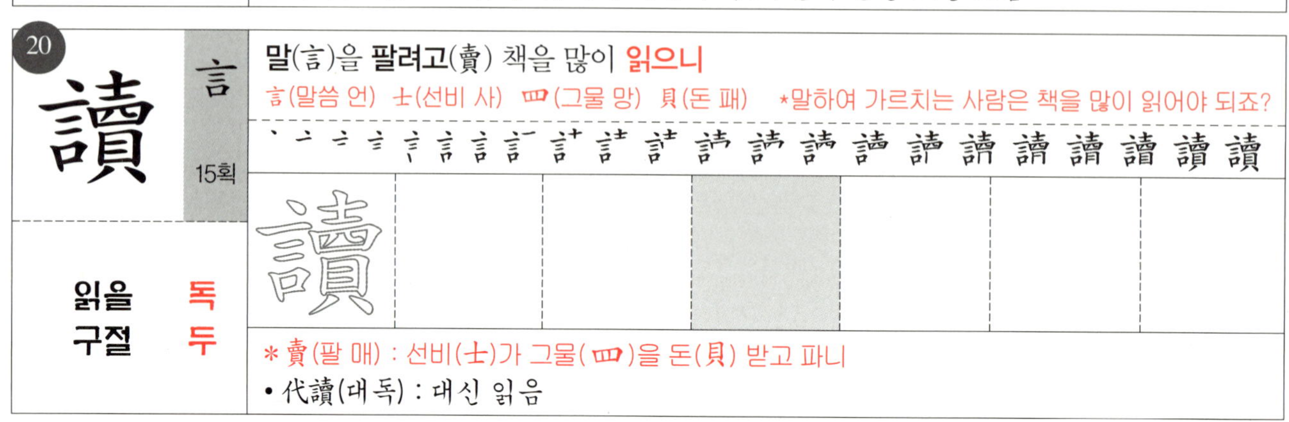

20 讀 15획 읽을 독 구절 두	言	말(言)을 팔려고(賣) 책을 많이 **읽으니**

言(말씀 언)　士(선비 사)　罒(그물 망)　貝(돈 패)　*말하여 가르치는 사람은 책을 많이 읽어야 되죠?

| 丶 ㆍ 亠 亖 言 言 言 訁 訃 訃 讀 讀 讀 讀 讀 讀 讀 讀 讀 讀 |

- *賣(팔 매) : 선비(士)가 그물(罒)을 돈(貝) 받고 파니
- 代讀(대독) : 대신 읽음

* 울타리(　) 입구(口)를 머리(亠)에 갓 쓰고 돌며(回) **그리니**　☞

* 말(　)을 팔려고(賣) 책을 많이 **읽으니**　☞

一思多得

业	+		=	先(먼저 선)	**소(业)**가 앞장서 수레나 쟁기를 끌고 **걷는 사람(儿)**보다 **먼저** 가니
口	+	儿	=	兄(형 형)	**입(口)**으로 말하며 **걷는 사람(儿)**은 **형**이니
业 一	+		=	光(빛 광)	**작고(业)** 희미하게 **하나(一)**같이 **걷는 사람(儿)**을 비추는 **빛**

言	+	己	=	記(기록할 기)	**말(言)** 중에 **자기(己)**에게 필요한 부분만 **기록하니**
	+	舌	=	話(말씀 화)	**말(言)**하려고 **혀(舌)**를 움직여서 하는 **말씀**이나 **이야기**
	+	十	=	計(셀 계)	**말(言)**하여 **열(十)**까지 **세니**
	+	賣	=	讀(읽을 독)	**말(言)**을 팔려고(賣) 책을 많이 **읽으니**

 다음 한자를 나누고 **자원**을 쓰면서 익히세요.

光 빛 광 = ☐ + ☐ + ☐

球 공 구 = ☐ + ☐

今 이제 금 = ☐ + ☐ + ☐

急 급할 급 = ☐ + ☐ + ☐

短 짧을 단 = ☐ + ☐

堂 집 당 = ☐ + ☐

代 대신할 대 = ☐ + ☐

對 대할 대 = ☐ + ☐ + ☐

圖 그림 도 = ☐ + ☐ + ☐ + ☐

讀 읽을 독 = ☐ + ☐

다음 한자어의 독음을 쓰세요.

日 光	風 光	電 球	今 日
今 時	不 急	時 急	短 刀
食 堂	代 言	時 代	對 答
地 圖	圖 面	代 讀	

다음 한자어를 한자로 쓰세요.

해 일 빛 광	전기 전 공 구	오늘 금 날 일	아닐 불 급할 급
짧을 단 칼 도	음식 식 집 당	대신할 대 말씀 언	대답할 대 대답할 답
땅 지 그림 도	대신할 대 읽을 독	경치 풍 경치 광	지금 금 때 시
때 시 급할 급	때 시 세대 대	그림 도 모습 면	

1. 그는 日光에 눈이 부셨다.

2. 자연의 風光을 담은 사진이 멋있다.

3. 아들 공부방에 밝은 電球를 끼웠다.

4. 今日 휴업합니다.

5. 군사들의 잡담은 今時 사라지고 긴장의 빛이 떠올랐다.

6. 不急한 일은 나중에 해결하고 먼저 급한 일부터 하자.

7. 대책 마련이 時急하다.

8. 短刀로 찌르다.

9. 그는 저녁에 食堂에서 아르바이트를 한다.

10. 아버지의 말씀을 형에게 代言하였다.

11. 꿈이 있는 사람만이 時代를 앞서 간다.

12. 부르면 對答을 잘하는 아이가 귀엽다.

13. 산에서는 나뭇가지에 달린 리본과 地圖를 이용해 길을 찾는다.

14. 새로 지을 집의 圖面을 보니 가슴이 설렌다.

15. 대통령이 불참하여 총리의 선언문 代讀이 있었다.

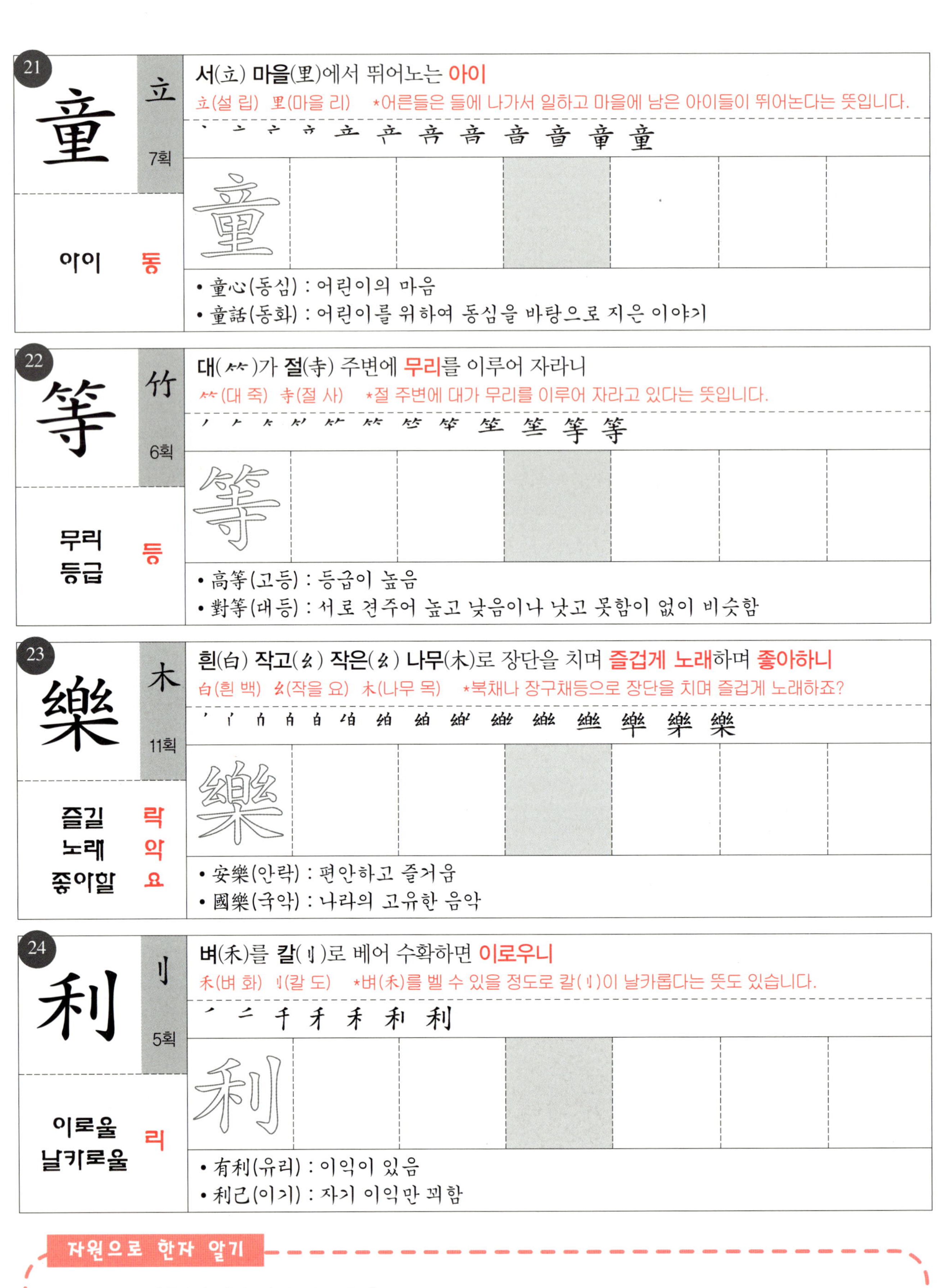

21 童 / 아이 동	立 7획	서(立) 마을(里)에서 뛰어노는 **아이**

立(설 립) 里(마을 리) *어른들은 들에 나가서 일하고 마을에 남은 아이들이 뛰어논다는 뜻입니다.

`丶 ㄧ ㅗ ㅗ 立 产 音 音 音 音 童 童`

- 童心(동심) : 어린이의 마음
- 童話(동화) : 어린이를 위하여 동심을 바탕으로 지은 이야기

22 等 / 무리 등급 등	竹 6획	대(竹)가 절(寺) 주변에 **무리**를 이루어 자라니

竹(대 죽) 寺(절 사) *절 주변에 대가 무리를 이루어 자라고 있다는 뜻입니다.

`丿 ㅗ ㅗ ㅗㅏ ㅗㅏ 竺 竺 笙 笙 等 等`

- 高等(고등) : 등급이 높음
- 對等(대등) : 서로 견주어 높고 낮음이나 낫고 못함이 없이 비슷함

23 樂 / 즐길 노래 좋아할 락 악 요	木 11획	흰(白) 작고(幺) 작은(幺) 나무(木)로 장단을 치며 **즐겁게 노래**하며 **좋아하니**

白(흰 백) 幺(작을 요) 木(나무 목) *북채나 장구채등으로 장단을 치며 즐겁게 노래하죠?

`丶 丿 ㅁㅗ 白 白 白 絈 絈 絥 樂 樂 樂 樂 樂 樂`

- 安樂(안락) : 편안하고 즐거움
- 國樂(국악) : 나라의 고유한 음악

24 利 / 이로울 날카로울 리	刂 5획	벼(禾)를 칼(刂)로 베어 수확하면 **이로우니**

禾(벼 화) 刂(칼 도) *벼(禾)를 벨 수 있을 정도로 칼(刂)이 날카롭다는 뜻도 있습니다.

`丶 ㅗ 千 禾 禾 利 利`

- 有利(유리) : 이익이 있음
- 利己(이기) : 자기 이익만 꾀함

자원으로 한자 알기

* 서(　　) 마을(里)에서 뛰어노는 **아이**　　☞

* 대(　　)가 절(寺) 주변에 **무리**를 이루어 자라니　　☞

* 흰(白) 작고(幺) 작은(幺) 나무(　　)로 장단을 치며 **즐겁게 노래**하며 **좋아하니**　　☞

* 벼(禾)를 칼(　　)로 베어 수확하면 **이로우니**　　☞

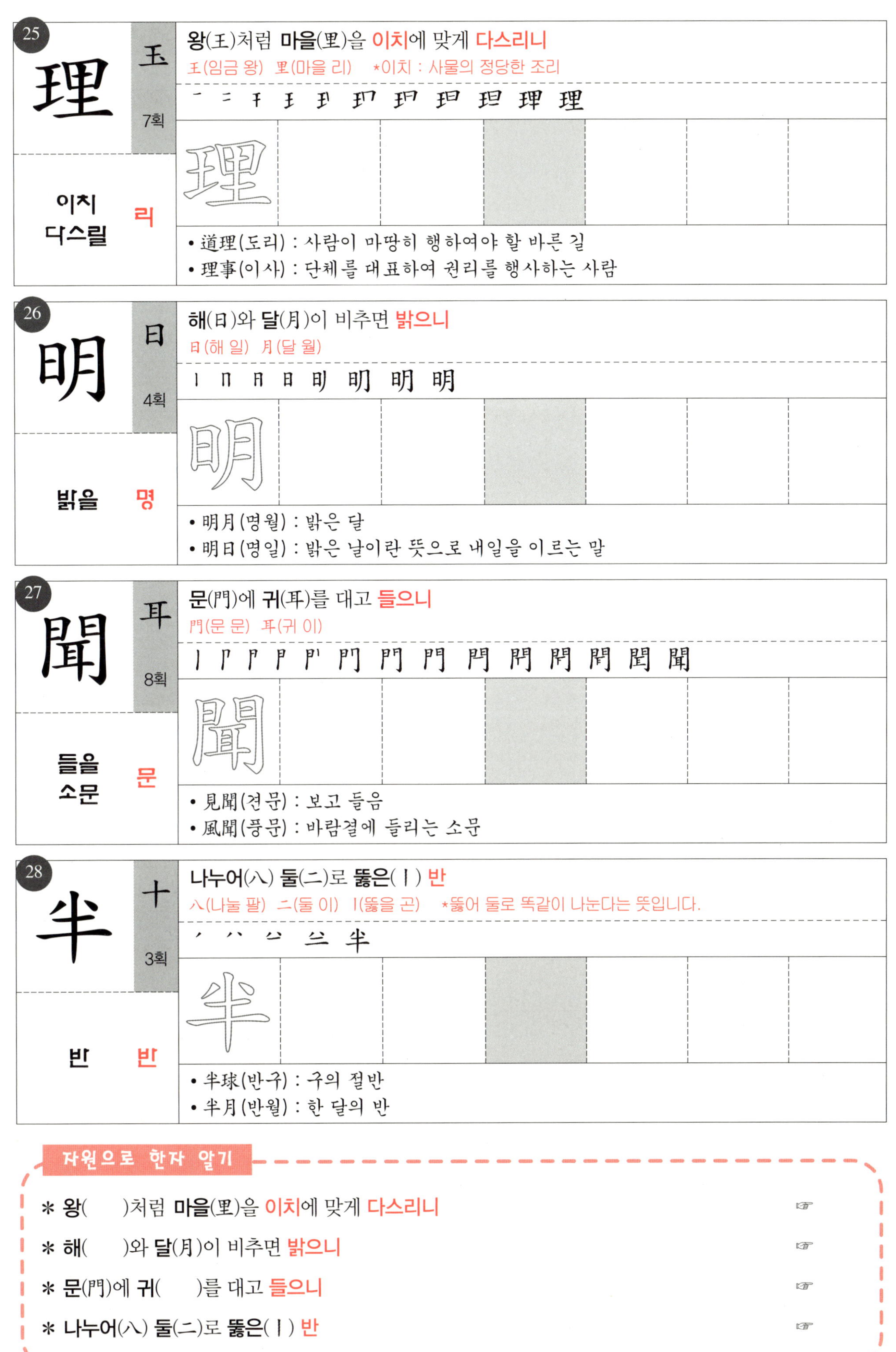

25 理	玉 7획	왕(王)처럼 마을(里)을 이치에 맞게 다스리니 王(임금 왕) 里(마을 리) *이치 : 사물의 정당한 조리
이치 다스릴	리	一 二 干 王 王 玑 玑 珇 珇 理 理 • 道理(도리) : 사람이 마땅히 행하여야 할 바른 길 • 理事(이사) : 단체를 대표하여 권리를 행사하는 사람

26 明	日 4획	해(日)와 달(月)이 비추면 밝으니 日(해 일) 月(달 월)
밝을	명	丨 刀 月 日 明 明 明 明 • 明月(명월) : 밝은 달 • 明日(명일) : 밝은 날이란 뜻으로 내일을 이르는 말

27 聞	耳 8획	문(門)에 귀(耳)를 대고 들으니 門(문 문) 耳(귀 이)
들을 소문	문	丨 厂 尸 尸 尸 門 門 門 門 門 門 門 門 聞 聞 • 見聞(견문) : 보고 들음 • 風聞(풍문) : 바람결에 들리는 소문

28 半	十 3획	나누어(八) 둘(二)로 뚫은(丨) 반 八(나눌 팔) 二(둘 이) 丨(뚫을 곤) *뚫어 둘로 똑같이 나눈다는 뜻입니다.
반	반	丶 丷 厸 半 半 • 半球(반구) : 구의 절반 • 半月(반월) : 한 달의 반

자원으로 한자 알기

✳ 왕(　　)처럼 마을(里)을 이치에 맞게 다스리니　　☞

✳ 해(　　)와 달(月)이 비추면 밝으니　　☞

✳ 문(門)에 귀(　　)를 대고 들으니　　☞

✳ 나누어(八) 둘(二)로 뚫은(丨) 반　　☞

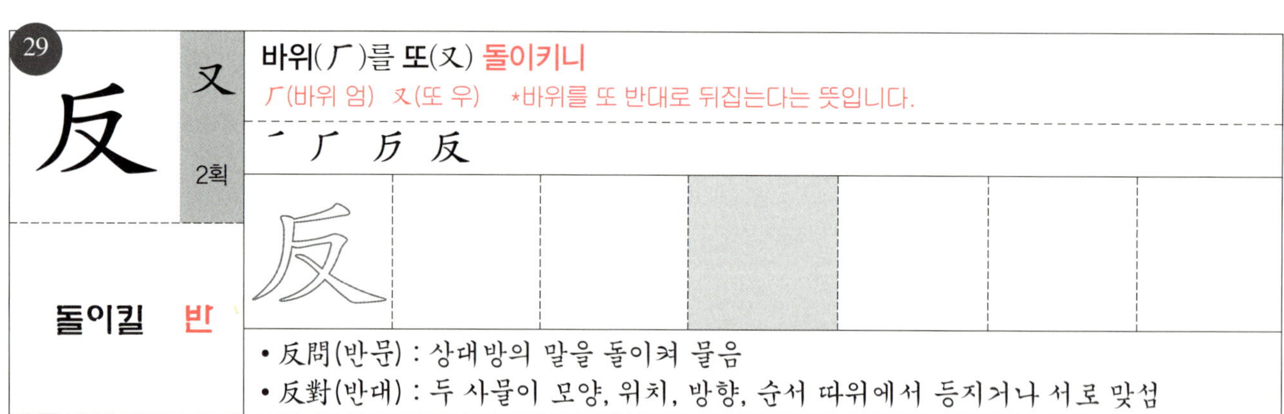

29 反 / 돌이킬 반	又 / 2획	바위(厂)를 또(又) **돌이키니** 厂(바위 엄) 又(또 우)　*바위를 또 반대로 뒤집는다는 뜻입니다.
		一 厂 万 反
		反
		• 反問(반문) : 상대방의 말을 돌이켜 물음 • 反對(반대) : 두 사물이 모양, 위치, 방향, 순서 따위에서 등지거나 서로 맞섬

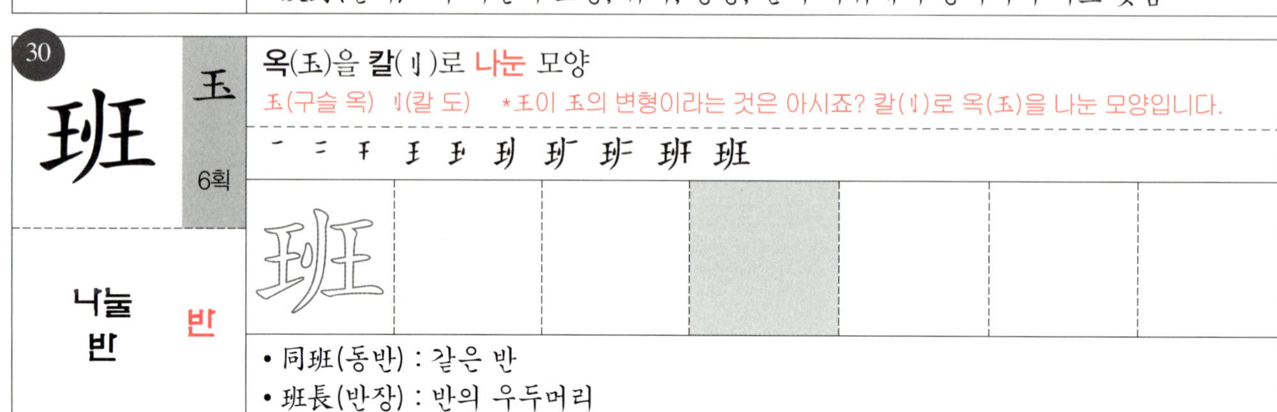

30 班 / 나눌 반	玉 / 6획	옥(玉)을 칼(刂)로 **나눈** 모양 玉(구슬 옥) 刂(칼 도)　*玉이 王의 변형이라는 것은 아시죠? 칼(刂)로 옥(玉)을 나눈 모양입니다.
		一 二 三 王 王 玨 玨 玨 班 班
		班
		• 同班(동반) : 같은 반 • 班長(반장) : 반의 우두머리

자원으로 한자 알기

* 바위(厂)를 또(　　) **돌이키니**　　　☞

* 옥(　　)을 칼(刂)로 **나눈** 모양　　　☞

一思多得

千	+		=	重(무거울 중)	천(千) 리나 되는 먼 **거리(里)**에 떨어져 있어 마음이 **무거우니**
立	+	里	=	童(아이 동)	서(立) **마을(里)**에서 뛰어노는 **아이**
王	+		=	理(다스릴 리)	왕(王)처럼 **마을(里)**을 **이치**에 맞게 **다스리니**

	+	合	=	答(대답할 답)	대(竹)쪽을 **합하여(合)** 글을 써 **대답하니**
竹	+	目 廾	=	算(셈 산)	대(竹)를 **눈(目)**으로 확인하며 **스무(廾)** 개씩 **셈하니**
	+	寺	=	等(무리 등)	대(竹)가 **절(寺)** 주변에 **무리**를 이루어 자라니

 **다음 한자를 나누고 자원을 쓰면서 익히세요.**

童	=		+	
아이 동				

等	=		+	
무리 등				

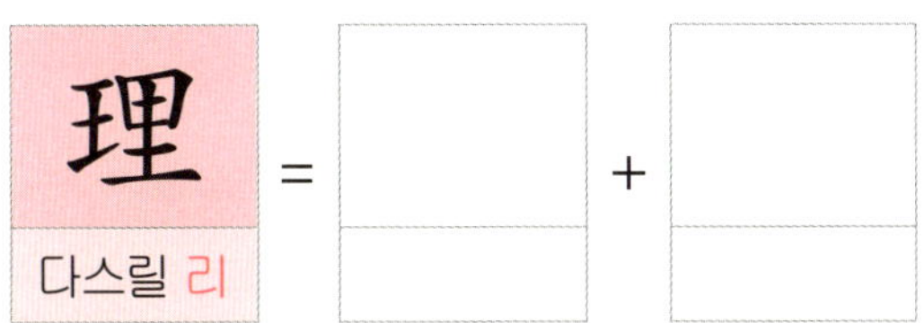

樂 = □ + □ + □ + □
즐길 락

利	=		+	
이로울 리				

理	=		+	
다스릴 리				

明	=		+	
밝을 명				

聞	=		+	
들을 문				

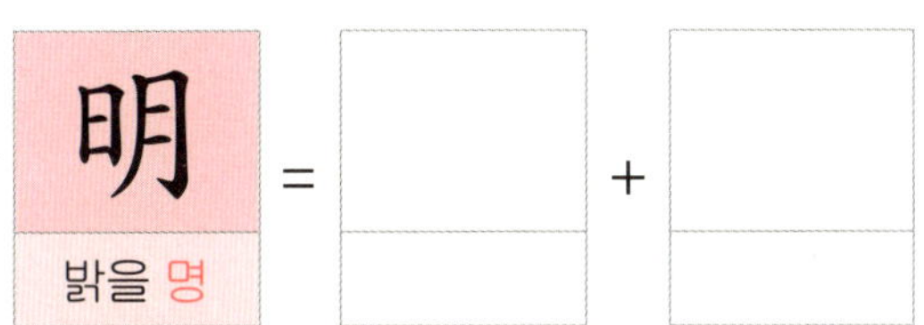

半 = □ + □ + □
반 반

反	=		+	
돌이킬 반				

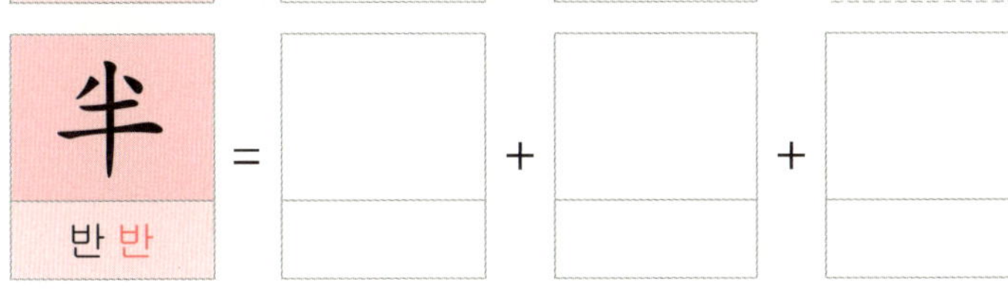

班 = □ + □
나눌 반

다음 한자어의 **독음**을 쓰세요.

童 心	童 話	高 等	對 等
安 樂	國 樂	有 利	利 己
道 理	理 事	明 月	明 日
見 聞	風 聞	半 球	半 月
反 問	反 對	同 班	班 長

다음 한자어를 **한자**로 쓰세요.

아이 동　마음 심	높을 고　등급 등	편안할 안　즐길 락	있을 유　이로울 리
도리 도　이치 리	밝을 명　달 월	볼 견　들을 문	반 반　공 구
돌이킬 반　물을 문	같을 동　반 반	아이 동　이야기 화	대할 대　등급 등
나라 국　노래 악	이로울 리　자기 기	다스릴 리　일 사	밝을 명　날 일
바람 풍　소문 문	반 반　달 월	반대할 반　대할 대	반 반　우두머리 장

1 모처럼 **童心**으로 돌아가 즐겁게 놀았다.

2 어릴 적 **童話**책 속에 나오는 공주를 꿈꾸기도 했다.

3 인간은 가장 **高等**한 동물이다.

4 두 팀은 실력이 **對等**해서 결과를 예상하기 어렵다.

5 나 한 몸의 **安樂**만 생각하는 맘보가 밉기도 하였다.

6 **國樂**은 서양의 가곡에서는 맛볼 수 없는 색다른 매력을 지니고 있다.

7 시합이 우리에게 **有利**하게 전개되어 갔다.

8 나는 내 철면피한 **利己**가 구역질이 나서 침을 뱉었다.

9 **道理**에 어긋나는 행동은 하지 마라.

10 삼촌은 열심히 일한 덕분에 회사에서 **理事**로 승진했다.

11 대장은 **明月**을 바라보며 깊은 생각에 잠겼다.

12 졸업식이 **明日** 오전 10시에 시작되니 꼭 참석해 주시기 바랍니다.

13 우리는 여행을 통하여 많은 **見聞**을 넓혔다.

14 선생님이 결혼한다는 **風聞**이 여기저기서 나돌았다.

15 지구를 두 쪽으로 나누면 **半球**의 형태가 된다.

16 이 잡지는 **半月**에 한 번씩 간행된다.

17 친구의 말을 자신에게 **反問**해 보며 생각에 깊이 잠겼다.

18 그는 심한 **反對**에도 불구하고 자기의 뜻을 굽히지 않았다.

19 올해도 둘은 **同班**이 되었다.

20 나는 중학교 3년 동안 줄곧 **班長**을 했다.

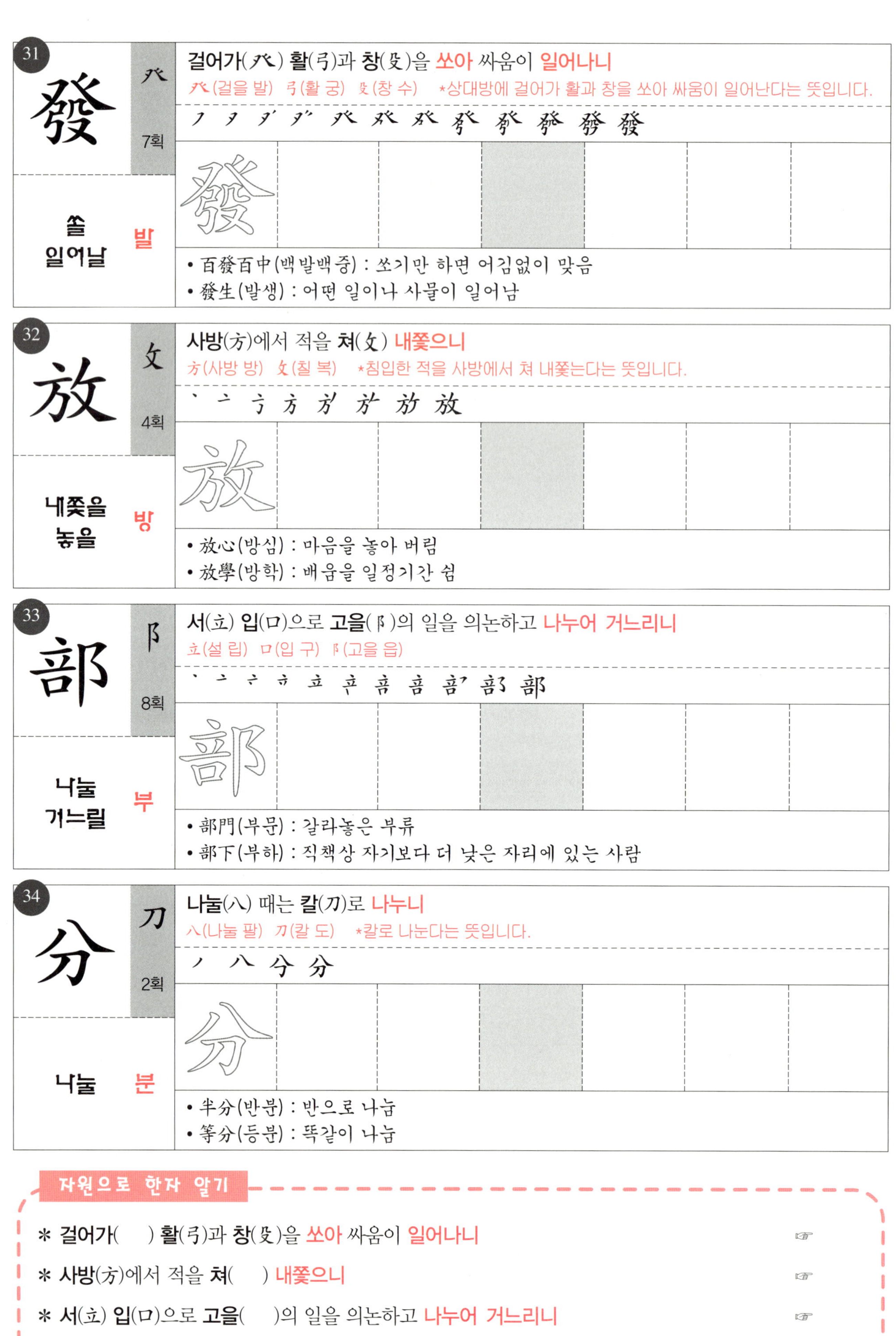

31 發	癶 7획	걸어가(癶) 활(弓)과 창(殳)을 **쏘아** 싸움이 **일어나니** 癶(걸을 발) 弓(활 궁) 殳(창 수) *상대방에 걸어가 활과 창을 쏘아 싸움이 일어난다는 뜻입니다.
쏠 일어날 **발**		`ノ フ ダ ダ` 癶 癶 癶 發 發 發 發 發
		• 百發百中(백발백중) : 쏘기만 하면 어김없이 맞음 • 發生(발생) : 어떤 일이나 사물이 일어남

32 放	攵 4획	사방(方)에서 적을 쳐(攵) **내쫓으니** 方(사방 방) 攵(칠 복) *침입한 적을 사방에서 쳐 내쫓는다는 뜻입니다.
내쫓을 놓을 **방**		`丶 二 方 方 方 放 放`
		• 放心(방심) : 마음을 놓아 버림 • 放學(방학) : 배움을 일정기간 쉼

33 部	阝 8획	서(立) 입(口)으로 고을(阝)의 일을 의논하고 **나누어 거느리니** 立(설 립) 口(입 구) 阝(고을 읍)
나눌 거느릴 **부**		`丶 亠 立 立 咅 咅 咅 咅 部 部`
		• 部門(부문) : 갈라놓은 부류 • 部下(부하) : 직책상 자기보다 더 낮은 자리에 있는 사람

34 分	刀 2획	나눌(八) 때는 칼(刀)로 **나누니** 八(나눌 팔) 刀(칼 도) *칼로 나눈다는 뜻입니다.
나눌 **분**		`ノ 八 今 分`
		• 半分(반분) : 반으로 나눔 • 等分(등분) : 똑같이 나눔

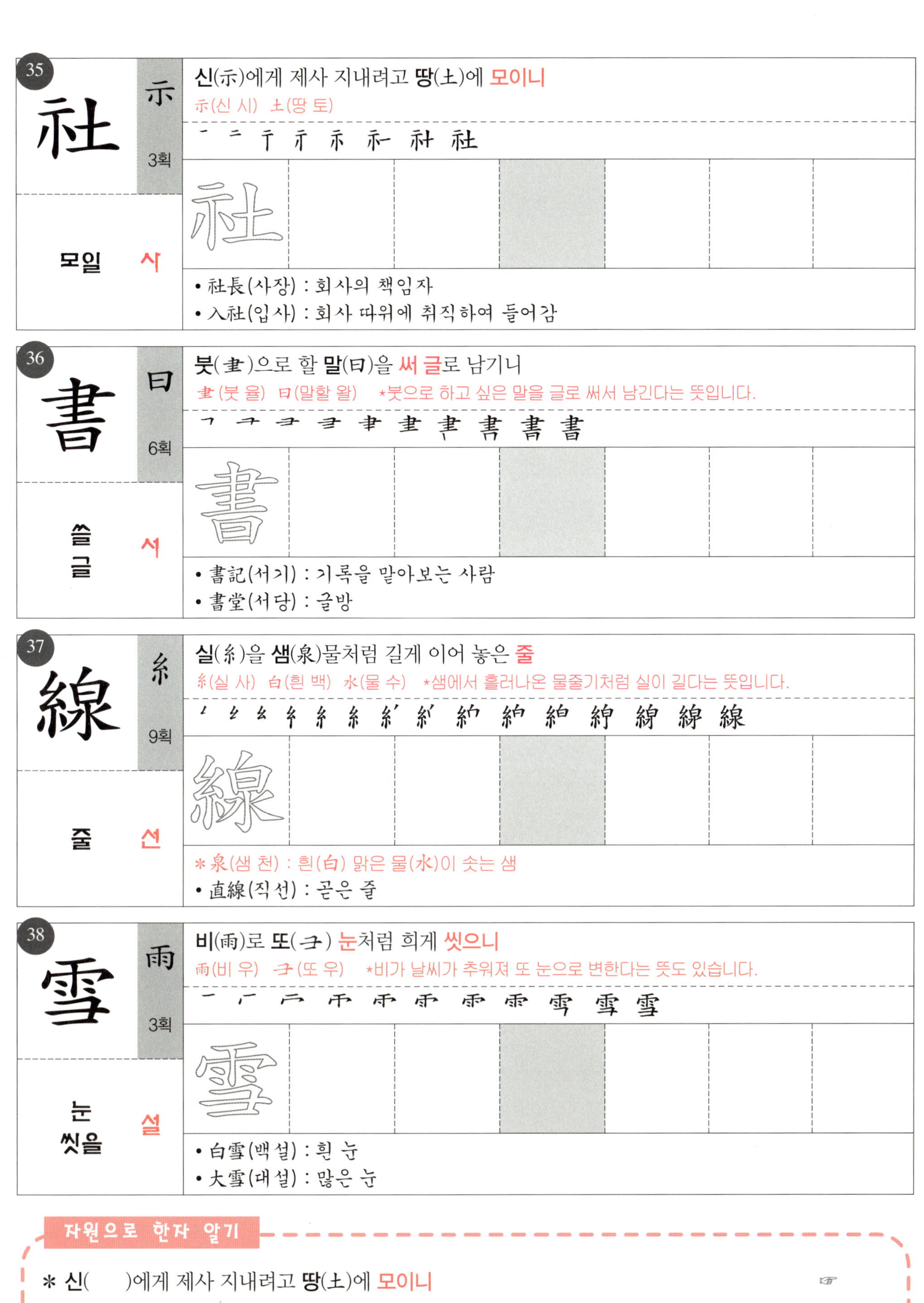

35 社	示 / 3획	신(示)에게 제사 지내려고 **땅(土)**에 **모이니**
		示(신 시) 土(땅 토)
		一 二 亍 亓 示 示 扩 社 社
모일	**사**	• 社長(사장) : 회사의 책임자 • 入社(입사) : 회사 따위에 취직하여 들어감

36 書	曰 / 6획	붓(聿)으로 할 **말(曰)**을 **써 글**로 남기니
		聿(붓 율) 曰(말할 왈) *붓으로 하고 싶은 말을 글로 써서 남긴다는 뜻입니다.
		一 그 그 크 킁 聿 聿 書 書 書 書
쓸 글	**서**	• 書記(서기) : 기록을 맡아보는 사람 • 書堂(서당) : 글방

37 線	糸 / 9획	실(糸)을 샘(泉)물처럼 길게 이어 놓은 **줄**
		糸(실 사) 白(흰 백) 水(물 수) *샘에서 흘러나온 물줄기처럼 실이 길다는 뜻입니다.
		乙 纟 幺 乡 糸 糸 糸 糸 約 約 絧 絧 絧 綧 線 線
줄	**선**	*泉(샘 천) : 흰(白) 맑은 물(水)이 솟는 샘 • 直線(직선) : 곧은 줄

38 雪	雨 / 3획	비(雨)로 또(크) **눈**처럼 희게 **씻으니**
		雨(비 우) 크(또 우) *비가 날씨가 추워져 또 눈으로 변한다는 뜻도 있습니다.
		一 一 一 币 币 币 币 雨 雪 雪 雪
눈 씻을	**설**	• 白雪(백설) : 흰 눈 • 大雪(대설) : 많은 눈

* 신(   )에게 제사 지내려고 **땅(土)**에 **모이니**

* 붓(聿)으로 할 **말(   )**을 **써 글**로 남기니

* 실(   )을 **샘(泉)**물처럼 길게 이어 놓은 **줄**

* 비(   )로 또(크) **눈**처럼 희게 **씻으니**

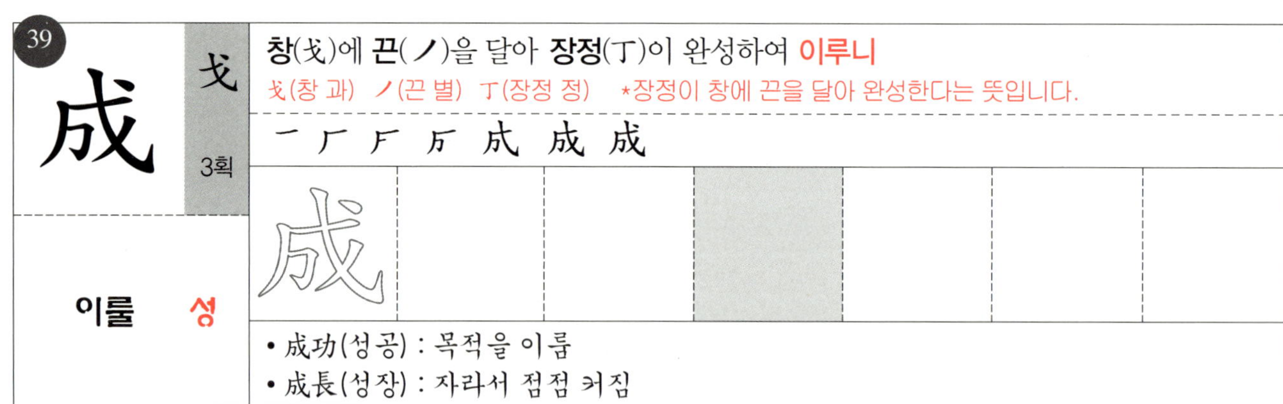

39 成

成 (戈, 3획) 이룰 성	창(戈)에 끈(丿)을 달아 장정(丁)이 완성하여 이루니 戈(창 과) 丿(끈 별) 丁(장정 정) *장정이 창에 끈을 달아 완성한다는 뜻입니다. 一 厂 𠂈 𠂋 成 成 成
	成
	• 成功(성공) : 목적을 이룸 • 成長(성장) : 자라서 점점 커짐

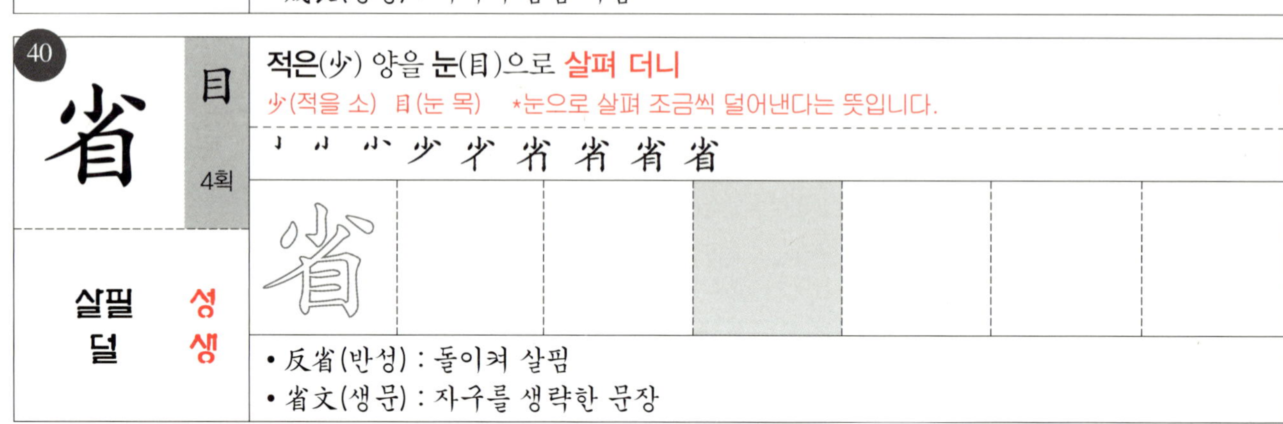

40 省

省 (目, 4획) 살필 성 / 덜 생	적은(少) 양을 눈(目)으로 살펴 더니 少(적을 소) 目(눈 목) *눈으로 살펴 조금씩 덜어낸다는 뜻입니다. 丨 丨丨 小 少 少 省 省 省 省
	省
	• 反省(반성) : 돌이켜 살핌 • 省文(생문) : 자구를 생략한 문장

자원으로 한자 알기

* 창(   )에 끈(丿)을 달아 장정(丁)이 완성하여 이루니 ☞
* 적은(少) 양을 눈(   )으로 살펴 더니 ☞

一思多得

癶	+	豆	=	登(오를 등)	걸어서(癶) 제기(豆)를 들고 신전에 오르니
	+	弓 殳	=	發(쏠 발)	걸어가(癶) 활(弓)과 창(殳)을 쏘아 싸움이 일어나니

八	+	厶	=	公(공평할 공)	나누어(八) 사사로움(厶)을 떨쳐버려야 공평하니
	+	刀	=	分(나눌 분)	나눌(八) 때는 칼(刀)로 나누니

雨	+	曰 乚	=	電(번개 전)	비(雨)올 때 말(曰)하듯 번쩍이며 구부리고(乚) 치는 번개
	+	彐	=	雪(눈 설)	비(雨)로 또(彐) 눈처럼 희게 씻으니

 **다음 한자를 나누고 자원을 쓰면서 익히세요.**

發 / 쏠 발 = □ + □ + □

放 / 내쫓을 방 = □ + □

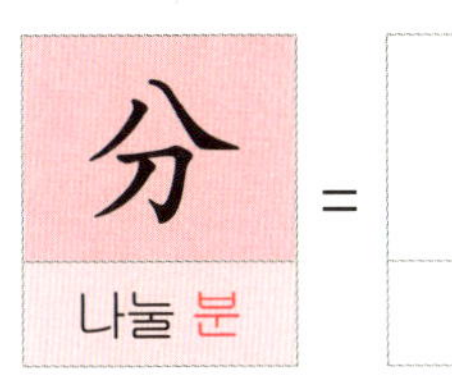
部 / 나눌 부 = □ + □ + □

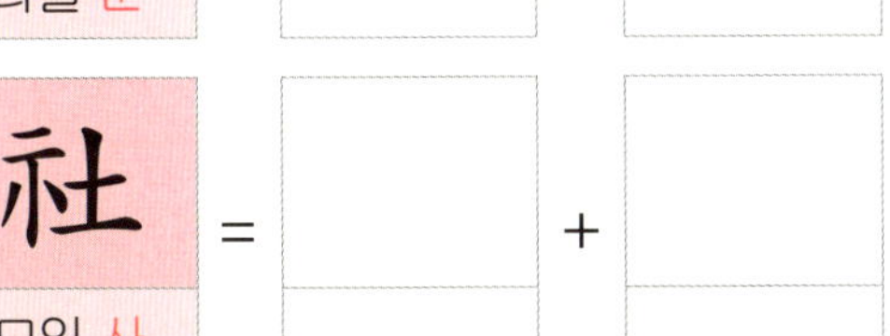
分 / 나눌 분 = □ + □

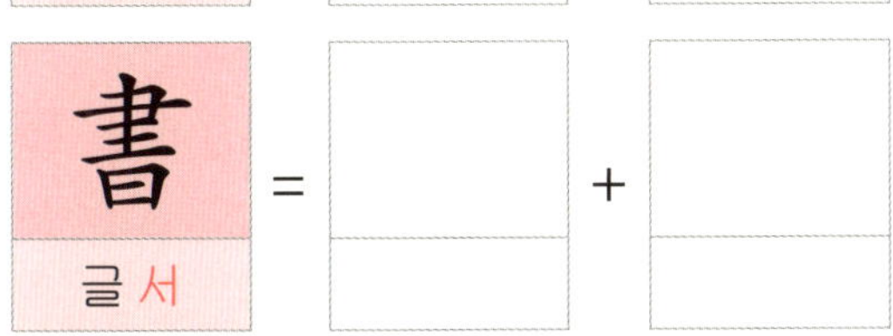
社 / 모일 사 = □ + □

書 / 글 서 = □ + □

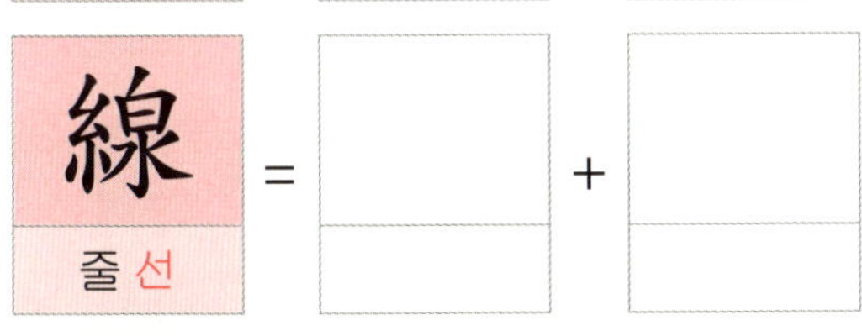
線 / 줄 선 = □ + □

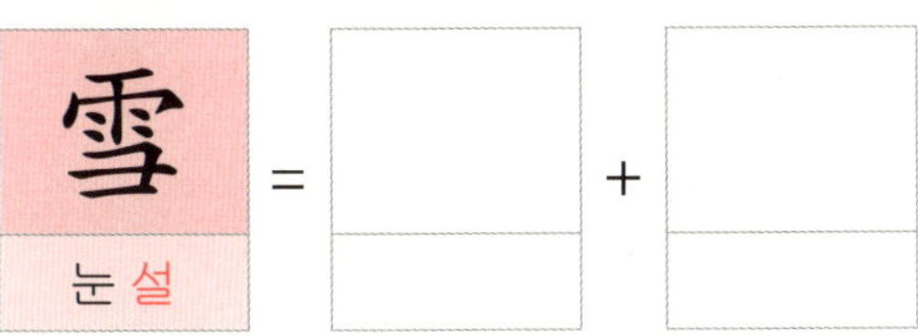
雪 / 눈 설 = □ + □

成 / 이룰 성 = □ + □ + □

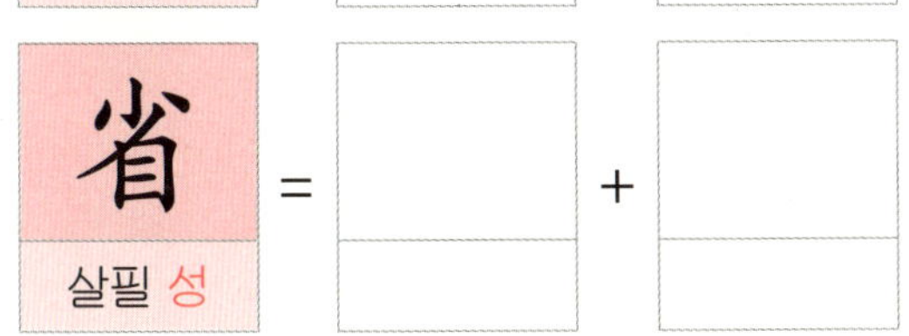
省 / 살필 성 = □ + □

發 生	放 心	放 學	部 門
部 下	半 分	等 分	社 長
入 社	書 記	書 堂	直 線
白 雪	大 雪	成 功	成 長
反 省	省 文		

일어날 발　날 생	놓을 방　마음 심	나눌 부　분류 문	반 반　나눌 분
모일 사　우두머리 장	쓸 서　기록할 기	곧을 직　줄 선	흰 백　눈 설
이룰 성　공 공	돌이킬 반　살필 성	놓을 방　배울 학	거느릴 부　아래 하
같을 등　나눌 분	들 입　모일 사	글 서　집 당	많을 대　눈 설
성인 성　자랄 장	덜 생　글월 문		

1 교통사고의 **發生**이 해마다 늘고 있다.

2 다 이긴 경기였는데 **放心**하다가 막판에 역전을 당했다.

3 아이들이 **放學**을 맞아 외갓집으로 내려갔다.

4 자연 과학은 여러 **部門**으로 나뉜다.

5 장군은 **部下**들을 거느리고 전투에 나갔다.

6 그와 친구는 가져온 물건을 **半分**하여 갖고 각자 길을 떠났다.

7 케이크를 칠 **等分**으로 자르다.

8 우리 아빠는 회사 **社長**이시다.

9 이 회사가 발전 가능성이 있다고 생각했기 때문에 **入社**를 결정했다.

10 토론자들의 말을 **書記**가 열심히 받아 적고 있다.

11 **書堂** 개 삼 년이면 풍월을 읊는다.

12 **直線** 거리로는 20분 거리지만 실제로는 1시간이나 걸린다.

13 **白雪**에 덮여 있는 시골 마을은 몹시 평화로워 보였다.

14 어제 내린 **大雪**로 교통이 두절되었다.

15 그의 **成功** 요인은 성실한 생활 태도이다.

16 청소년기는 **成長**이 매우 빠른 시기이다.

17 남을 탓하기 전에 먼저 자신의 행동을 **反省**해야 한다.

18 이 문장은 중복된 단어를 **省文**하였다.

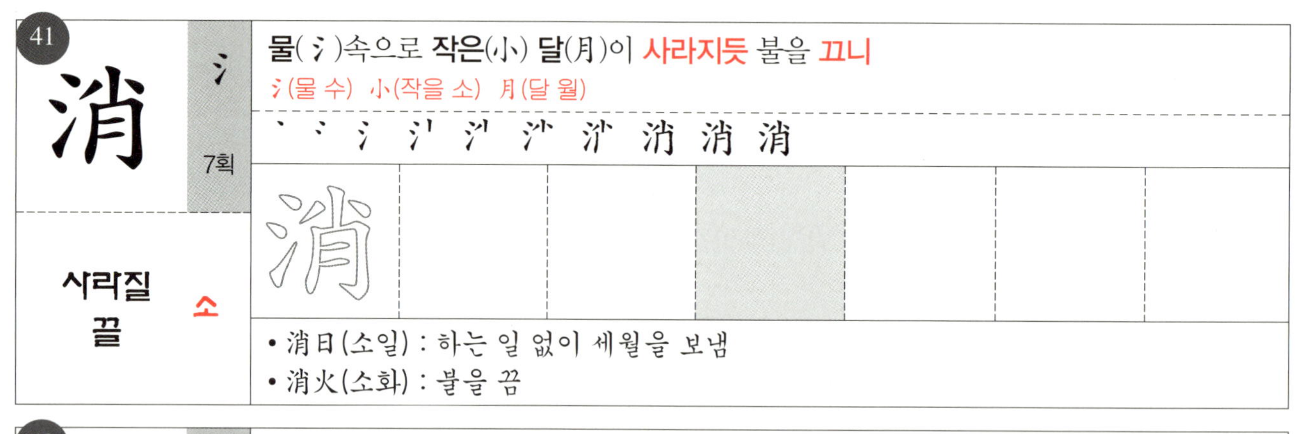

41 消 / ⺡ / 7획 / 사라질 끌 / 소

물(⺡)속으로 **작은**(小) **달**(月)이 **사라지듯** 불을 **끄니**
⺡(물 수) 小(작을 소) 月(달 월)

• 消日(소일) : 하는 일 없이 세월을 보냄
• 消火(소화) : 불을 끔

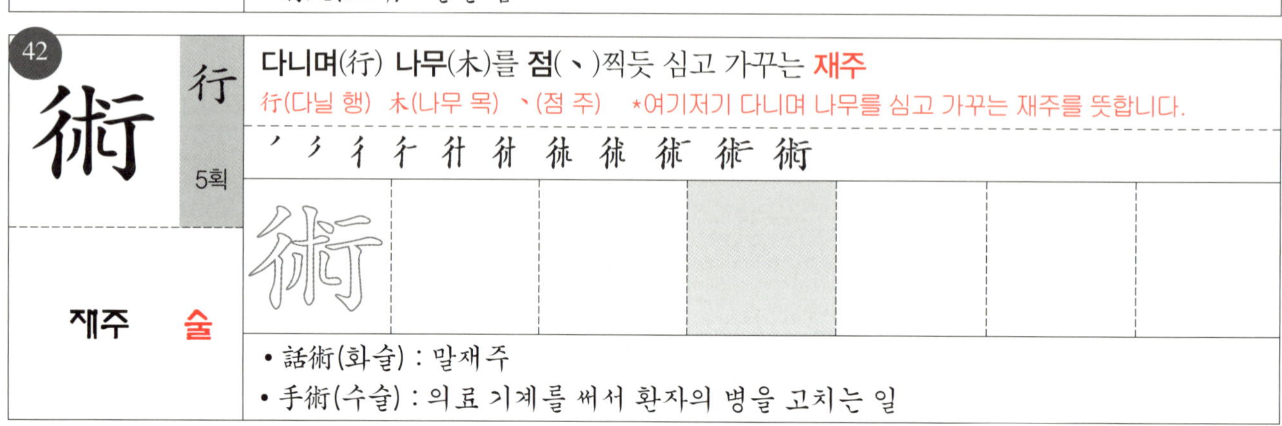

42 術 / 行 / 5획 / 재주 / 술

다니며(行) **나무**(木)를 **점**(丶)찍듯 심고 가꾸는 **재주**
行(다닐 행) 木(나무 목) 丶(점 주) *여기저기 다니며 나무를 심고 가꾸는 재주를 뜻합니다.

• 話術(화술) : 말재주
• 手術(수술) : 의료 기계를 써서 환자의 병을 고치는 일

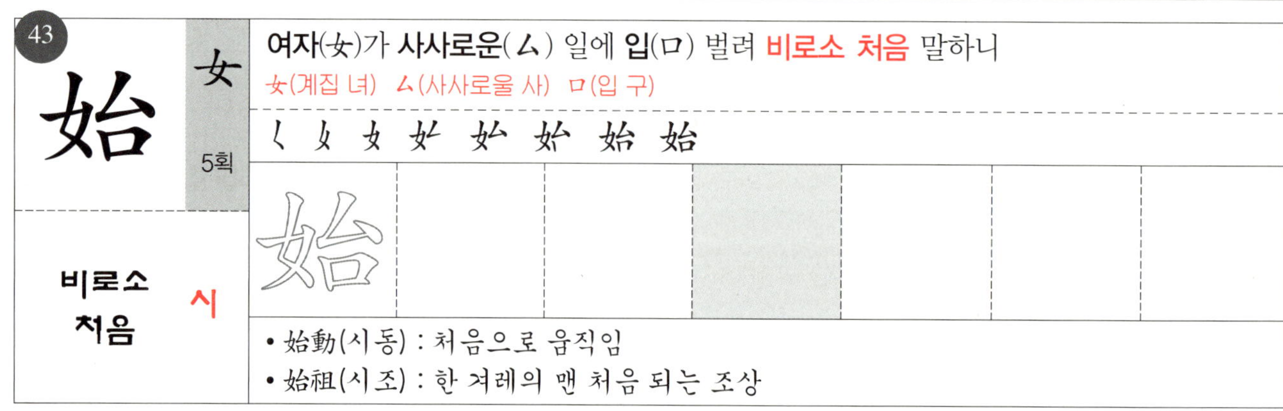

43 始 / 女 / 5획 / 비로소 처음 / 시

여자(女)가 **사사로운**(厶) 일에 **입**(口) 벌려 **비로소 처음** 말하니
女(계집 녀) 厶(사사로울 사) 口(입 구)

• 始動(시동) : 처음으로 움직임
• 始祖(시조) : 한 겨레의 맨 처음 되는 조상

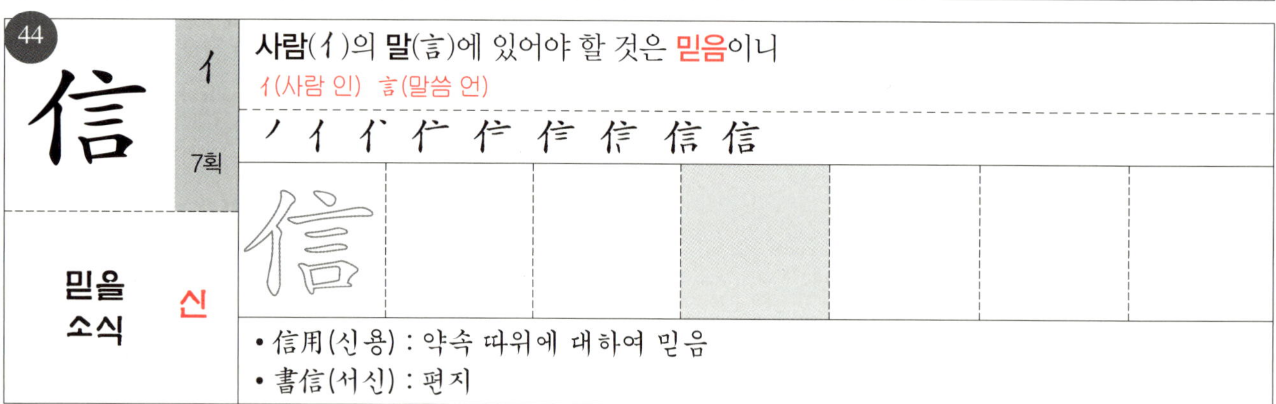

44 信 / 亻 / 7획 / 믿을 소식 / 신

사람(亻)의 **말**(言)에 있어야 할 것은 **믿음**이니
亻(사람 인) 言(말씀 언)

• 信用(신용) : 약속 따위에 대하여 믿음
• 書信(서신) : 편지

자원으로 한자 알기

* 물(　　)속으로 **작은**(小) **달**(月)이 **사라지듯** 불을 **끄니**　☞

* **다니며**(　　) **나무**(木)를 점(丶)찍듯 심고 가꾸는 **재주**　☞

* **여자**(　　)가 **사사로운**(厶) 일에 **입**(口) 벌려 **비로소 처음** 말하니　☞

* **사람**(　　)의 **말**(言)에 있어야 할 것은 **믿음**이니　☞

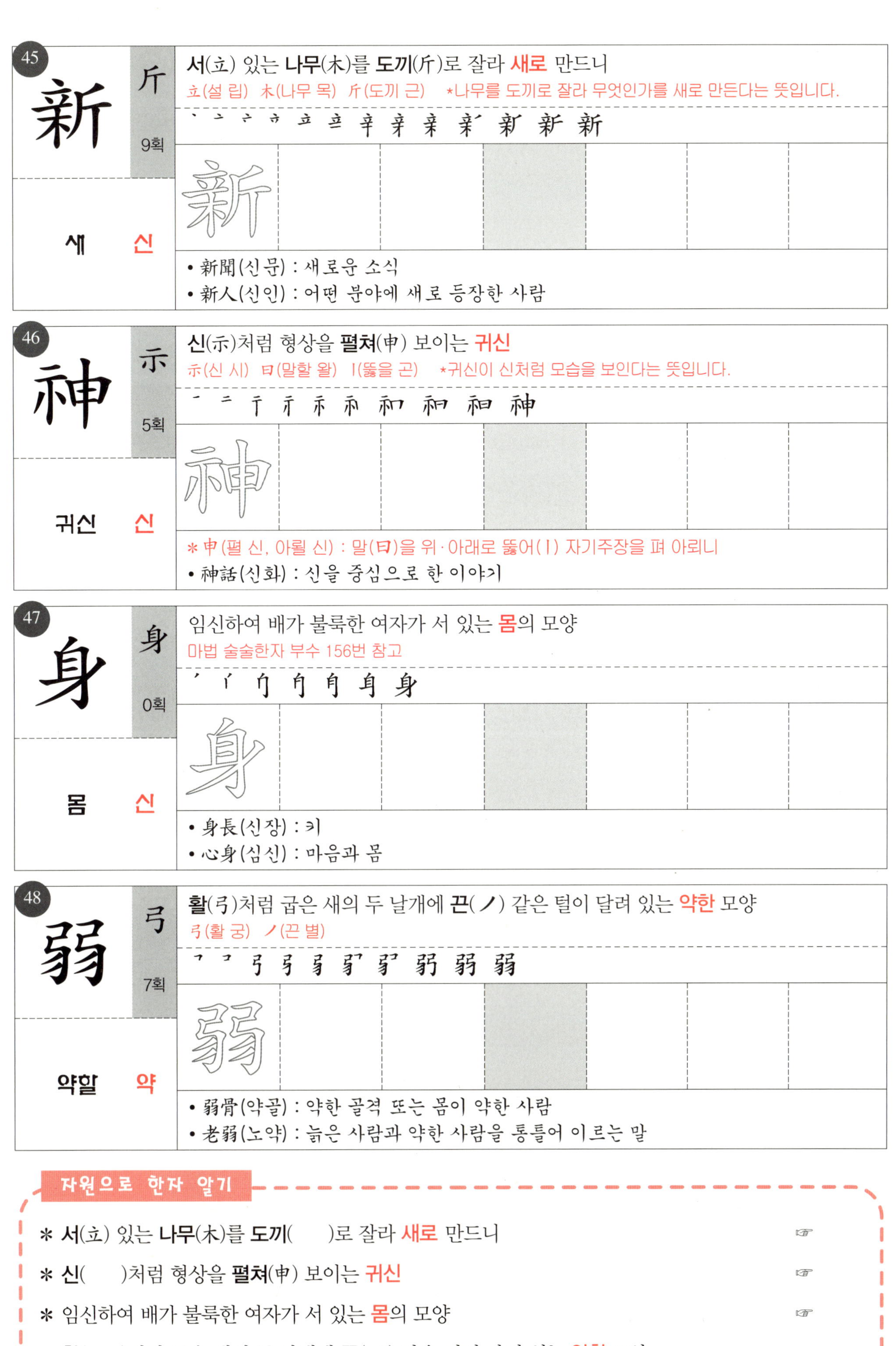

45	斤	서(立) 있는 **나무**(木)를 **도끼**(斤)로 잘라 **새로** 만드니
新		立(설 립) 木(나무 목) 斤(도끼 근) *나무를 도끼로 잘라 무엇인가를 새로 만든다는 뜻입니다.
	9획	` ´ ㅗ ㅛ ㅛ ㅛ 효 ㅍ 후 후 후 퓻 新 新 新
새 신		• 新聞(신문) : 새로운 소식 • 新人(신인) : 어떤 분야에 새로 등장한 사람

46	示	**신**(示)처럼 형상을 **펼쳐**(申) 보이는 **귀신**
神		示(신 시) 曰(말할 왈) ㅣ(뚫을 곤) *귀신이 신처럼 모습을 보인다는 뜻입니다.
	5획	` 一 亍 亍 示 示 示 和 和 神
귀신 신		* 申(펼 신, 아뢸 신) : 말(曰)을 위·아래로 뚫어(ㅣ) 자기주장을 펴 아뢰니 • 神話(신화) : 신을 중심으로 한 이야기

47	身	임신하여 배가 불룩한 여자가 서 있는 **몸**의 모양
身		마법 술술한자 부수 156번 참고
	0획	` ´ ㅓ 自 自 身 身
몸 신		• 身長(신장) : 키 • 心身(심신) : 마음과 몸

48	弓	**활**(弓)처럼 굽은 새의 두 날개에 **끈**(丿) 같은 털이 달려 있는 **약한** 모양
弱		弓(활 궁) 丿(끈 별)
	7획	` ㄱ 弓 弓 弓 弜 弜 弱 弱 弱
약할 약		• 弱骨(약골) : 약한 골격 또는 몸이 약한 사람 • 老弱(노약) : 늙은 사람과 약한 사람을 통틀어 이르는 말

자원으로 한자 알기

* 서(立) 있는 **나무**(木)를 **도끼**(   )로 잘라 **새로** 만드니 ☞

* 신(   )처럼 형상을 **펼쳐**(申) 보이는 **귀신** ☞

* 임신하여 배가 불룩한 여자가 서 있는 **몸**의 모양 ☞

* 활(   )처럼 굽은 새의 두 날개에 **끈**(丿) 같은 털이 달려 있는 **약한** 모양 ☞

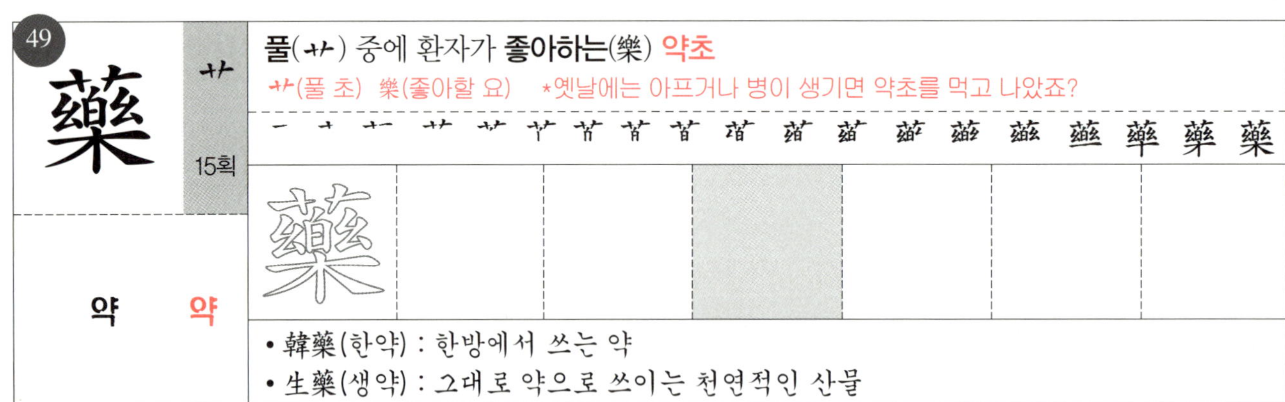

49 藥 약 15획	艹	풀(艹) 중에 환자가 **좋아하는**(樂) **약초** 艹(풀 초) 樂(좋아할 요) *옛날에는 아프거나 병이 생기면 약초를 먹고 나았죠? 一 十 十 艹 艹 艹 古 古 苔 苔 蓲 蓲 薤 薤 藥 藥 藥
약 약		• **韓藥**(한약) : 한방에서 쓰는 약 • **生藥**(생약) : 그대로 약으로 쓰이는 천연적인 산물

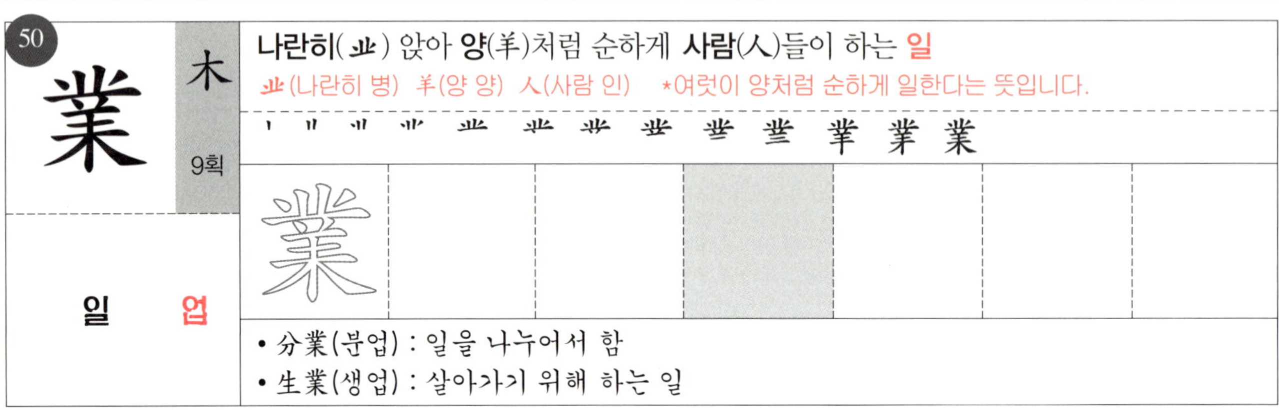

50 業 일 9획	木	나란히(业) 앉아 **양**(羊)처럼 순하게 **사람**(人)들이 하는 **일** 业(나란히 병) 羊(양 양) 人(사람 인) *여럿이 양처럼 순하게 일한다는 뜻입니다. 丨 丬 丬 业 业 业 业 业 业 坐 坐 坐 業 業
일 업		• **分業**(분업) : 일을 나누어서 함 • **生業**(생업) : 살아가기 위해 하는 일

＊ **풀**(　　) 중에 환자가 **좋아하는**(樂) **약초**

＊ **나란히**(业) 앉아 **양**(羊)처럼 순하게 **사람**(人)들이 하는 **일**

一思多得

	+	主	=	住(살 주)	**사람**(亻)은 **주**(主)로 일정한 곳에 머물러 **사니**
亻	+	更	=	便(편할 편)	**사람**(亻)은 불편한 것을 **고쳐서**(更) **편해지려고** 하니
	+	木	=	休(쉴 휴)	**사람**(亻)이 **나무**(木)에 기대어 **쉬니**
	+	弋	=	代(대신할 대)	**사람**(亻)이 할 일을 **주살**(弋)로 **대신하니**
	+	言	=	信(믿을 신)	**사람**(亻)의 **말**(言)에 있어야 할 것은 **믿음**이니

	+	且	=	祖(할아비 조)	**보이면**(示) **또**(且) 절해야 하는 **할아버지**
示	+	土	=	社(모일 사)	**신**(示)에게 제사 지내려고 **땅**(土)에 **모이니**
	+	申	=	神(귀신 신)	**신**(示)처럼 모습을 **펼쳐**(申) 보이는 **귀신**

 **다음 한자를 나누고 자원을 쓰면서 익히세요.**

| 消 사라질 소 | = | | + | | + | |

| 術 재주 술 | = | | + | | + | |

| 始 비로소 시 | = | | + | | + | |

| 信 믿을 신 | = | | + | |

| 新 새 신 | = | | + | | + | |

| 神 귀신 신 | = | | + | |

| 身 몸 신 | = |

| 弱 약할 약 | = | | + | |

| 藥 약 약 | = | | + | |

| 業 일 업 | = | | + | | + | |

消日	消火	話術	手術
始動	始祖	信用	書信
新聞	新人	神話	身長
心身	弱骨	老弱	韓藥
生藥	分業	生業	

사라질 소 / 날 일	말씀 화 / 재주 술	처음 시 / 움직일 동	믿을 신 / 쓸 용
새 신 / 소식 문	귀신 신 / 이야기 화	몸 신 / 길 장	약할 약 / 몸 골
나라 한 / 약 약	나눌 분 / 일 업	끌 소 / 불 화	손 수 / 재주 술
처음 시 / 조상 조	글 서 / 소식 신	새 신 / 사람 인	마음 심 / 몸 신
늦을 로 / 약할 약	살 생 / 약 약	살 생 / 일 업	

1. 요즈음은 무슨 일로 消日을 하세요?

2. 신속한 대응으로 다행히 불은 이내 消火되었다.

3. 사나이의 박력 있고 허풍스러운 話術에 때론 배꼽을 쥐고 웃었다.

4. 手術이 잘되었다.

5. 그는 승용차의 始動을 걸고 출발하였다.

6. 단군은 우리 민족의 始祖로 알려져 있다.

7. 장사는 信用이 생명이다.

8. 書信을 주고받다.

9. 그는 요즘 바빠서 新聞 한 장 읽을 시간이 없다.

10. 올해 가요계에는 新人 가수들이 많이 데뷔하였다.

11. 요즘 그리스 神話 읽는 재미에 푹 빠졌다.

12. 身長이 크다.

13. 오랜만에 산에 오르니 心身이 다 상쾌해지는 것 같다.

14. 그는 겉보기로는 弱骨로 보여도 일을 할 때 보면 전혀 그렇지 않다.

15. 동리에 남아 있는 老弱들이 모조리 나와 안골 쪽을 바라본다.

16. 시험 공부하는 아들에게 韓藥을 한 첩 지어 먹였다.

17. 가능하면 生藥 성분의 약을 먹는 것이 몸에 좋다.

18. 아버지는 어머니와 가사를 分業하신다.

19. 섬에 사는 사람들은 어업을 生業으로 삼고 있습니다.

1. 뒤져 와서(夂) 입(   )으로 하는 말이 **각각** 다르니　☞

2. 싸여(勹) 있는 성(冂) 안의 땅(土)이 뿔처럼 **모나게** 솟은 모양　☞

3. 밭(   ) 사이에 끼어(介) 있는 **경계**　☞

4. 말(   )하여 열(十)까지 **세니**　☞

5. 지붕(亠) 창(口) 몸체(冂) 입구(口)가 있는 **높은** 누각의 모양　☞

6. 나누어(   ) 사사로움(厶)을 떨쳐버려야 **공평하니**　☞

7. 두 손으로 잡고(廾) 하나(一)같이 나누어(   ) **함께하니**　☞

8. 무엇인가를 만드는(工) 일에 힘(   )써 세운 **공**　☞

9. 햇빛(日)을 받아 나무(   )에 **열매**가 열린 모양　☞

10. 벼(   )를 말(斗)로 헤아려 구분하듯 구분해 놓은 **과목**　☞

11. 작고(小) 희미하게 하나(一)같이 걷는 사람(   )을 비추는 **빛**　☞

12. 옥(   )을 **구하여**(求) 만든 **공**　☞

13. 사람(   )들이 하나(一)같이 **구부리고**(勹) 있는 **지금**　☞

14. 감싸(勹) 손(크)을 잡고 재촉하여 마음(   )이 **급하니**　☞

15. 화살(   )이 콩(豆)대만 하여 **짧아 결점**이 되니　☞

16. 높게(尙) 땅(   )에 지은 **집**　☞

17. 사람(   )이 할 일을 주살(弋)로 **대신하니**　☞

18. 나란히(並) 앉아 양(羊)처럼 순하게 규칙(   )에 따라 **대하며 대답하니**　☞

19. 울타리(   ) 입구(口)를 머리(亠)에 갓 쓰고 돌며(回) **그리니**　☞

20. 말(   )을 팔려고(賣) 책을 많이 **읽으니**　☞

21. 서(   ) 마을(里)에서 뛰어노는 **아이**　☞

22. 대(   )가 절(寺) 주변에 **무리**를 이루어 자라니　☞

23. 흰(白) 작고(幺) 작은(幺) 나무(   )로 장단을 치며 **즐겁게 노래하며 좋아하니**　☞

24. 벼(禾)를 칼(   )로 베어 수확하면 **이로우니**　☞

25. 왕(   )처럼 마을(里)을 **이치**에 맞게 **다스리니**　☞

26. 해(   )와 달(月)이 비추면 **밝으니** ☞

27. 문(門)에 귀(   )를 대고 **들으니** ☞

28. 나누어(八) 둘(二)로 뚫은(丨) **반** ☞

29. 바위(厂)를 또(   ) **돌이키니** ☞

30. 옥(   )을 칼(刂)로 **나눈** 모양 ☞

31. 걸어가(   ) 활(弓)과 창(殳)을 **쏘아** 싸움이 **일어나니** ☞

32. 사방(方)에서 적을 쳐(   ) **내쫓으니** ☞

33. 서(효) 입(口)으로 고을(   )의 일을 의논하고 **나누어 거느리니** ☞

34. 나눌(八) 때는 칼(   )로 **나누니** ☞

35. 신(   )에게 제사 지내려고 땅(土)에 **모이니** ☞

36. 붓(聿)으로 할 말(   )을 **써** 글로 남기니 ☞

37. 실(   )을 샘(泉)물처럼 길게 이어 놓은 **줄** ☞

38. 비(   )로 또(彐) **눈**처럼 희게 **씻으니** ☞

39. 창(   )에 끈(丿)을 달아 장정(丁)이 완성하여 **이루니** ☞

40. 적은(少) 양을 눈(   )으로 **살펴 더니** ☞

41. 물(   )속으로 작은(小) 달(月)이 **사라지듯** 불을 **끄니** ☞

42. 다니며(   ) 나무(木)를 점(丶)찍듯 심고 가꾸는 **재주** ☞

43. 여자(   )가 사사로운(厶) 일에 입(口) 벌려 **비로소 처음** 말하니 ☞

44. 사람(   )의 말(言)에 있어야 할 것은 **믿음**이니 ☞

45. 서(효) 있는 나무(木)를 도끼(   )로 잘라 **새로** 만드니 ☞

46. 신(   )처럼 형상을 펼쳐(申) 보이는 **귀신** ☞

47. 임신하여 배가 불룩한 여자가 서 있는 **몸**의 모양 ☞

48. 활(   )처럼 굽은 새의 두 날개에 끈(丿) 같은 털이 달려 있는 **약한** 모양 ☞

49. 풀(   ) 중에 환자가 좋아하는(樂) **약초** ☞

50. 나란히(並) 앉아 양(羊)처럼 순하게 사람(人)들이 하는 **일** ☞

各	角	界	計	高	公	共
功	果	科	光	球	今	急
短	堂	代		對	圖	讀
童	等				樂	利
理						明
聞	半				反	班
發	放	部		分	社	書
線	雪	成	省	消	術	始
信	新	神	身	弱	藥	業

6Ⅱ 1-50번
형성평가

 다음 뜻과 음을 지닌 **한자**를 쓰세요.

각각 각	뿔 각	경계 계	셀 계	높을 고	공평할 공	함께 공
공 공	열매 과	과목 과	빛 광	공 구	이제 금	급할 급
짧을 단	집 당	대신할 대		대할 대	그림 도	읽을 독
아이 동	무리 등				즐길 락	이로울 리
다스릴 리						밝을 명
들을 문	반 반				돌이킬 반	나눌 반
쏠 발	놓을 방	나눌 부		나눌 분	모일 사	글 서
줄 선	눈 설	이룰 성	살필 성	사라질 소	재주 술	비로소 시
믿을 신	새 신	귀신 신	몸 신	약할 약	약 약	일 업

6Ⅱ 1-50번
형성평가

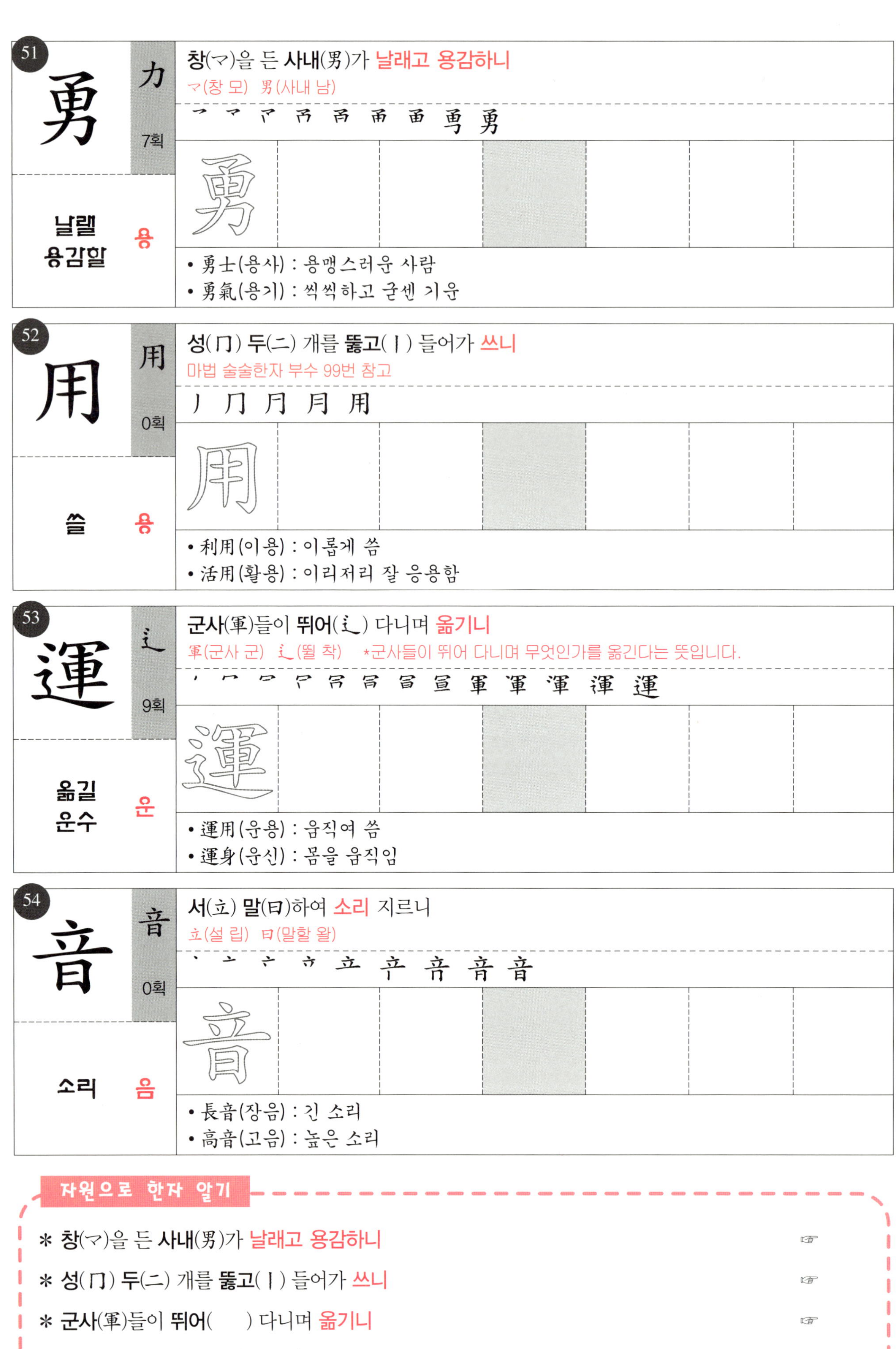

51	力
勇 7획	창(マ)을 든 **사내(男)**가 **날래고 용감하니** マ(창 모) 男(사내 남) フ フ マ マ 丂 丂 百 百 丂 勇
날랠 용감할 용	• 勇士(용사) : 용맹스러운 사람 • 勇氣(용기) : 씩씩하고 굳센 기운

52	用
用 0획	**성(冂) 두(二)** 개를 **뚫고(丨)** 들어가 **쓰니** 마법 술술한자 부수 99번 참고 丿 冂 月 月 用
쓸 용	• 利用(이용) : 이롭게 씀 • 活用(활용) : 이리저리 잘 응용함

53	辶
運 9획	**군사(軍)**들이 **뛰어(辶)** 다니며 **옮기니** 軍(군사 군) 辶(뛸 착) *군사들이 뛰어 다니며 무엇인가를 옮긴다는 뜻입니다. 冖 冖 冖 冖 冒 冐 冒 亘 軍 軍 軍 渾 運
옮길 운수 운	• 運用(운용) : 움직여 씀 • 運身(운신) : 몸을 움직임

54	音
音 0획	**서(立) 말(曰)**하여 **소리** 지르니 立(설 립) 曰(말할 왈) 丶 亠 亠 立 产 音 音 音
소리 음	• 長音(장음) : 긴 소리 • 高音(고음) : 높은 소리

자원으로 한자 알기

* 창(マ)을 든 **사내(男)**가 **날래고 용감하니**   ☞

* **성(冂) 두(二)** 개를 **뚫고(丨)** 들어가 **쓰니**   ☞

* **군사(軍)**들이 **뛰어(　)** 다니며 **옮기니**   ☞

* 서(立) 말(曰)하여 **소리** 지르니   ☞

55 **飮** 食 4획

마실 **음**

밥(飠) 먹듯 **입 벌려**(欠) **마시니**

飠(밥 식) 欠(입 벌릴 흠)

丿 𠂉 𠆢 今 今 今 今 飠 飠 飠 飮 飮 飮

飮

- 飮水(음수) : 물을 마심
- 飮食(음식) : 먹고 마시는 물건

56 **意** 心 9획

뜻 **의**

소리(音)쳐 **마음**(心)의 **뜻**을 전하니

音(소리 음) 心(마음 심)

丶 亠 亠 立 立 产 音 音 音 音 意 意 意

意

- 意外(의외) : 뜻밖
- 同意(동의) : 같은 뜻

57 **作** 亻 5획

지을 **작**

사람(亻)이 **잠깐**(乍) 사이에 새로운 것을 **지어내니**

亻(사람 인) 𠂉(사람 인) 丨(송곳 곤) 二(둘 이)

丿 亻 亻 亻 作 作 作

作

＊ 乍(잠깐 사) : 사람(𠂉)이 송곳(丨) 두(二) 개를 잠깐 사이에 만드니

- 作成(작성) : 만들어 이룸

58 **昨** 日 5획

어제 **작**

날(日)이 **잠깐**(乍) 사이에 지나가 **어제**가 되니

日(날 일) 乍(잠깐 사)

丨 冂 日 日 日 旷 昨 昨 昨

昨

- 昨日(작일) : 어제
- 昨今(작금) : 어제와 오늘 또는 요즈음

자원으로 한자 알기

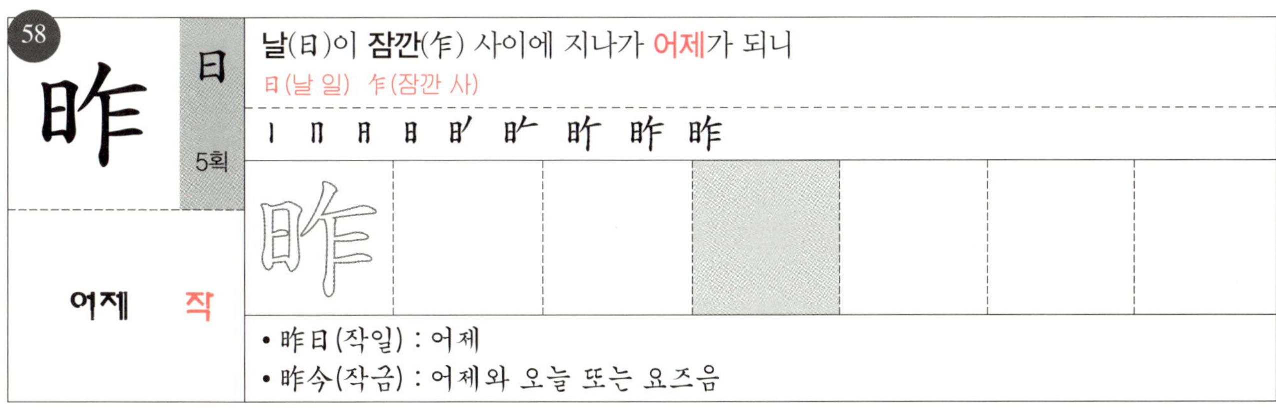

＊ **밥**(　) 먹듯 **입 벌려**(欠) **마시니** ☞

＊ **소리**(音)쳐 **마음**(　)의 **뜻**을 전하니 ☞

＊ **사람**(　)이 **잠깐**(乍) 사이에 새로운 것을 **지어내니** ☞

＊ **날**(　)이 **잠깐**(乍) 사이에 지나가 **어제**가 되니 ☞

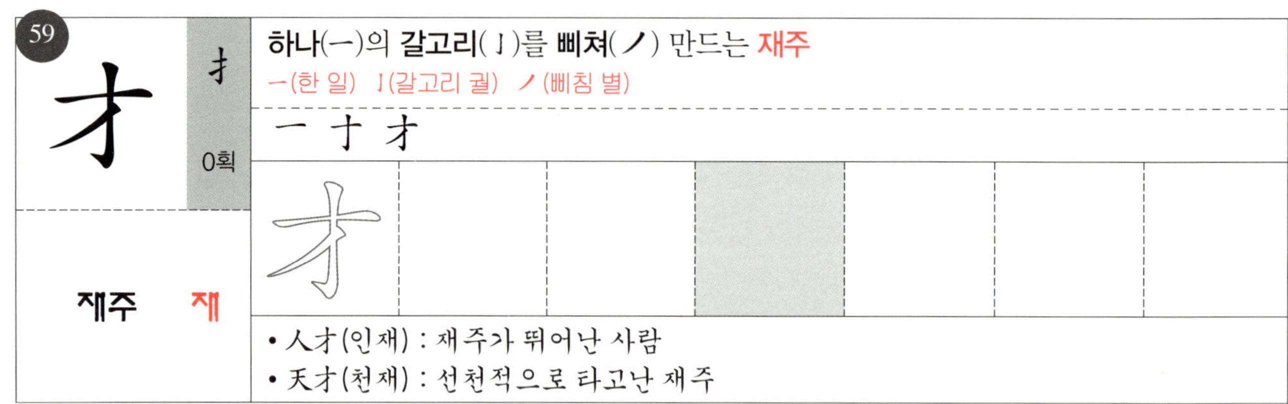

59 才	扌 0획	하나(一)의 갈고리(亅)를 삐쳐(ノ) 만드는 재주
		一(한 일) 亅(갈고리 궐) ノ(삐침 별)
		一 十 才
재주 재		• 人才(인재) : 재주가 뛰어난 사람 • 天才(천재) : 선천적으로 타고난 재주

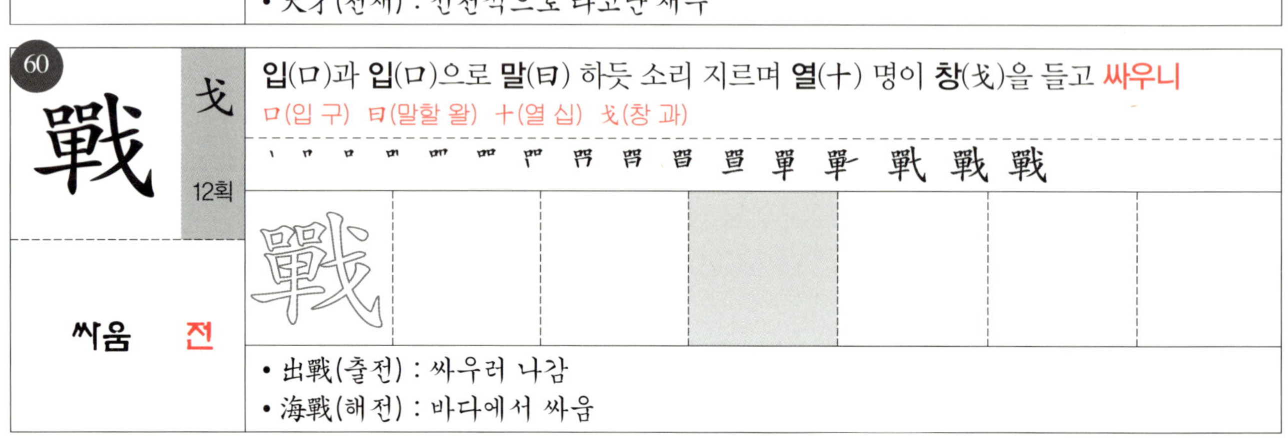

60 戰	戈 12획	입(口)과 입(口)으로 말(曰) 하듯 소리 지르며 열(十) 명이 창(戈)을 들고 싸우니
		口(입 구) 曰(말할 왈) 十(열 십) 戈(창 과)
		丶 丨 口 口 吅 吅 吅 卑 卑 單 單 單 戰 戰 戰
싸움 전		• 出戰(출전) : 싸우러 나감 • 海戰(해전) : 바다에서 싸움

* 하나(一)의 갈고리(亅)를 삐쳐(ノ) 만드는 재주

* 입(口)과 입(口)으로 말(曰) 하듯 소리 지르며 열(十) 명이 창(　　)을 들고 싸우니

一思多得

首	+	辶	=	道(길 도)	우두머리(首)를 따라 뛰어(辶) 가는 길
軍	+		=	運(옮길 운)	군사(軍)들이 뛰어(辶) 다니며 옮기니

亻	+	乍	=	作(지을 작)	사람(亻)이 잠깐(乍) 사이에 새로운 것을 지어내니
日	+		=	昨(어제 작)	날(日)이 잠깐(乍) 사이에 지나가 어제가 되니

 다음 한자를 나누고 **자원**을 쓰면서 익히세요.

勇 날랠 용	=		+		

用 쓸 용	=		+		+	

運 옮길 운	=		+		

音 소리 음	=		+		

飮 마실 음	=		+		

意 뜻 의	=		+		

作 지을 작	=		+		

昨 어제 작	=		+		

才 재주 재	=		+		+	

戰 싸움 전	=		+		+		+		+	

勇 士	勇 氣	利 用	活 用
運 用	運 身	長 音	高 音
飮 水	飮 食	意 外	同 意
作 成	昨 日	昨 今	人 才
天 才	出 戰	海 戰	

용감할 용 · 병사 사	이로울 리 · 쓸 용	옮길 운 · 쓸 용	길 장 · 소리 음
마실 음 · 물 수	뜻 의 · 바깥 외	지을 작 · 이룰 성	어제 작 · 날 일
사람 인 · 재주 재	나갈 출 · 싸움 전	용감할 용 · 기운 기	살 활 · 쓸 용
움직일 운 · 몸 신	높을 고 · 소리 음	마실 음 · 먹을 식	같을 동 · 뜻 의
어제 작 · 오늘 금	하늘 천 · 재주 재	바다 해 · 싸움 전	

1 장군은 勇士 100명을 선발하였다.

2 그에게 사실대로 말할 勇氣가 생기지 않는다.

3 자원의 효율적 利用으로 많은 지출을 줄였다.

4 청소년이 活用할 수 있는 문화 공간이 부족하다.

5 법의 運用을 멋대로 하다.

6 동생은 허리를 다쳐 運身을 못하게 되었다.

7 우리말은 같은 단어도 長音과 단음에 따라 뜻이 달라진다.

8 노래를 부르다 高音 부분에서 목소리가 나오지 않았다.

9 물은 飲水대에서 마시도록 하자.

10 그는 부인의 飲食 솜씨를 사람들에게 자랑했다.

11 아침 일찍 일어난 나를 보며 어머니는 意外라는 표정을 지었다.

12 내일 영화 보자는 친구의 의견에 同意하였다.

13 체험 보고서를 作成하였다.

14 이모는 여행에서 昨日 돌아오셨다.

15 대학 입시 위주인 昨今의 교육 제도가 서글프다.

16 우리 학교는 人才가 많다.

17 고흐는 天才 화가이다.

18 出戰 태세를 갖추다.

19 海戰에서 큰 승리를 하였다.

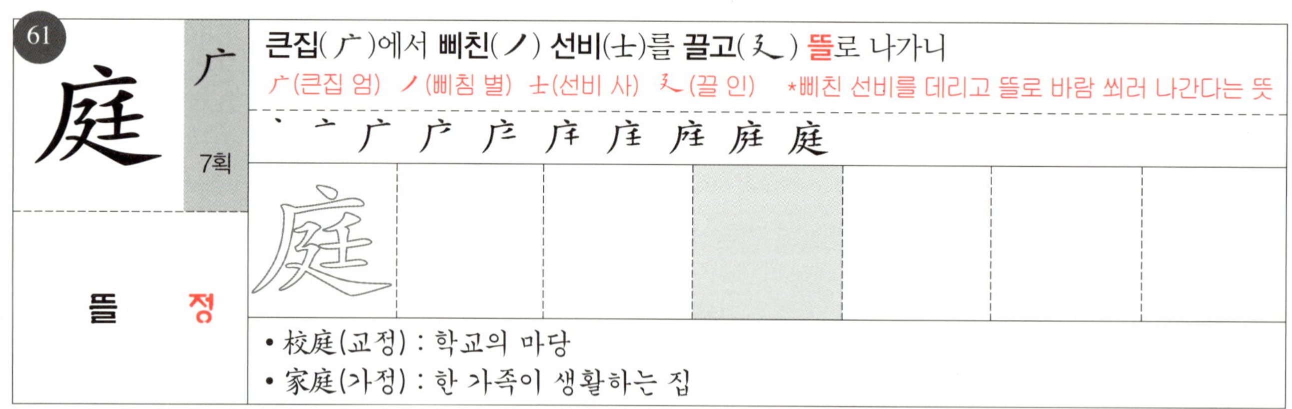

61 庭 / 广 / 7획 / 뜰 정

큰집(广)에서 **삐친(丿) 선비(士)**를 끌고(廴) **뜰**로 나가니
广(큰집 엄) 丿(삐침 별) 士(선비 사) 廴(끌 인) *삐친 선비를 데리고 뜰로 바람 쐬러 나간다는 뜻

丶 亠 广 庀 庀 庄 庄 庭 庭

• 校庭(교정) : 학교의 마당
• 家庭(가정) : 한 가족이 생활하는 집

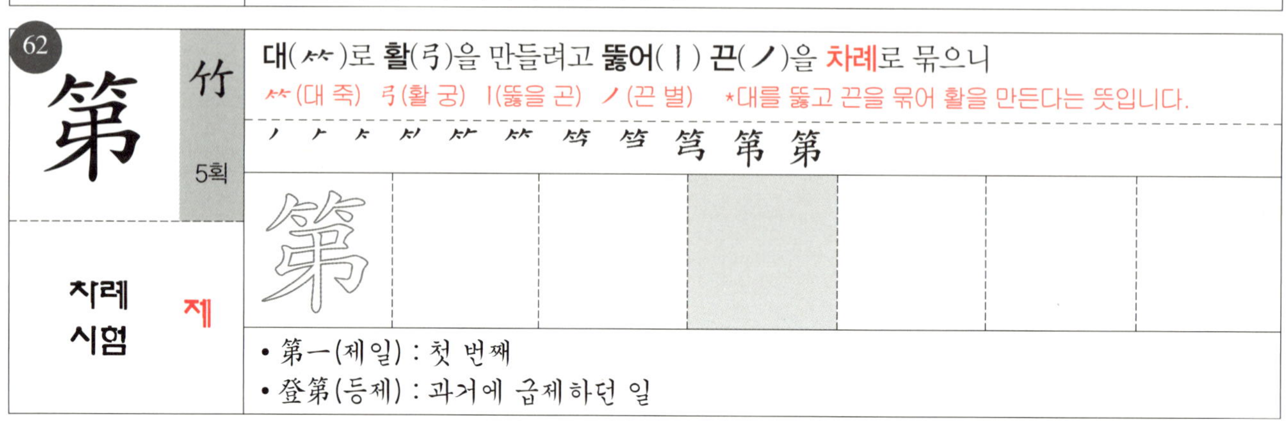

62 第 / 竹 / 5획 / 차례 시험 제

대(竹)로 **활(弓)**을 만들려고 **뚫어(丨) 끈(丿)**을 **차례**로 묶으니
竹(대 죽) 弓(활 궁) 丨(뚫을 곤) 丿(끈 별) *대를 뚫고 끈을 묶어 활을 만든다는 뜻입니다.

丿 广 广 竺 竺 竺 筞 筞 筞 第 第

• 第一(제일) : 첫 번째
• 登第(등제) : 과거에 급제하던 일

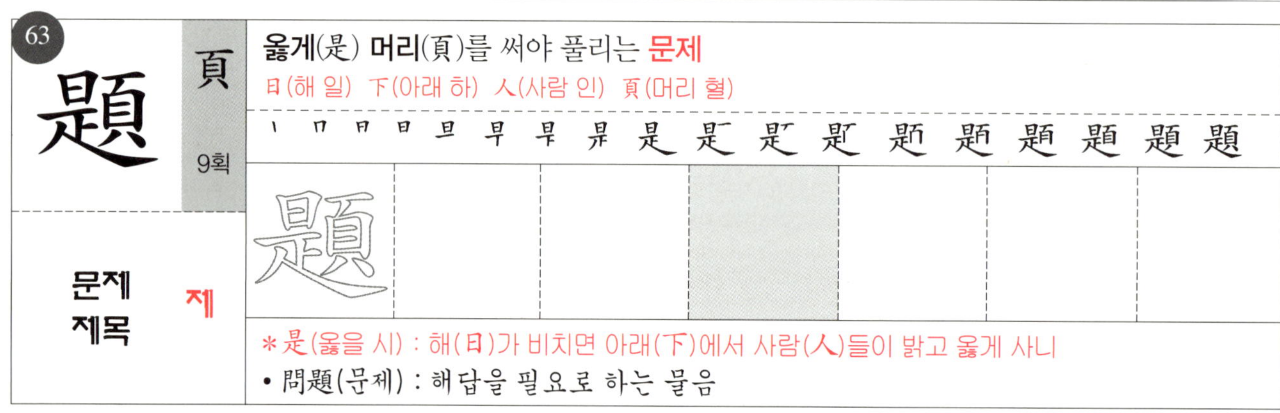

63 題 / 頁 / 9획 / 문제 제목 제

옳게(是) 머리(頁)를 써야 풀리는 **문제**
日(해 일) 下(아래 하) 人(사람 인) 頁(머리 혈)

丨 冂 冃 日 旦 무 무 昺 是 是 是 題 題 題 題 題 題

* 是(옳을 시) : 해(日)가 비치면 아래(下)에서 사람(人)들이 밝고 옳게 사니
• 問題(문제) : 해답을 필요로 하는 물음

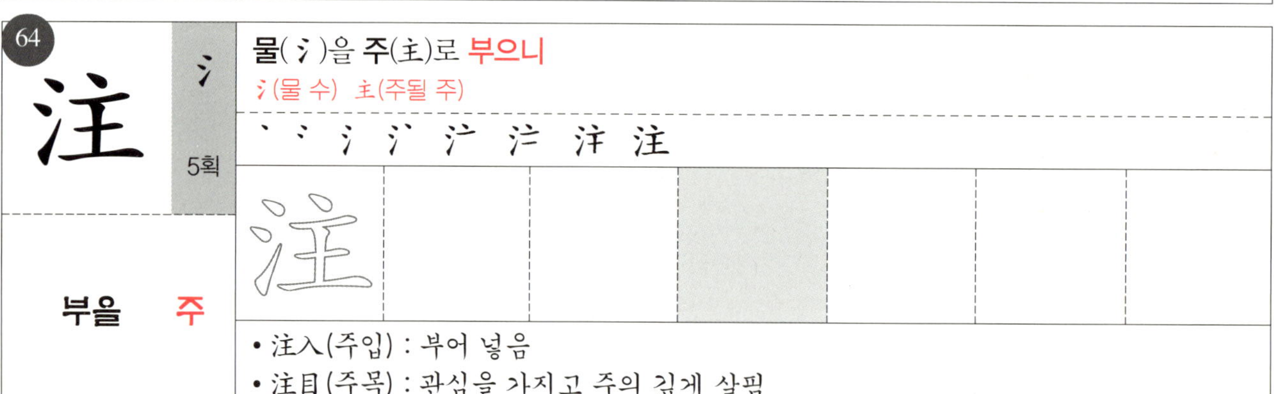

64 注 / 氵 / 5획 / 부을 주

물(氵)을 **주(主)**로 **부으니**
氵(물 수) 主(주될 주)

丶 丶 氵 氵 汒 汢 注 注

• 注入(주입) : 부어 넣음
• 注目(주목) : 관심을 가지고 주의 깊게 살핌

---

* 큰집(　)에서 **삐친(丿) 선비(士)**를 끌고(廴) **뜰**로 나가니　☞

* 대(　)로 **활(弓)**을 만들려고 **뚫어(丨) 끈(丿)**을 **차례**로 묶으니　☞

* 옳게(是) 머리(　)를 써야 풀리는 **문제**　☞

* 물(　)을 주(主)로 **부으니**　☞

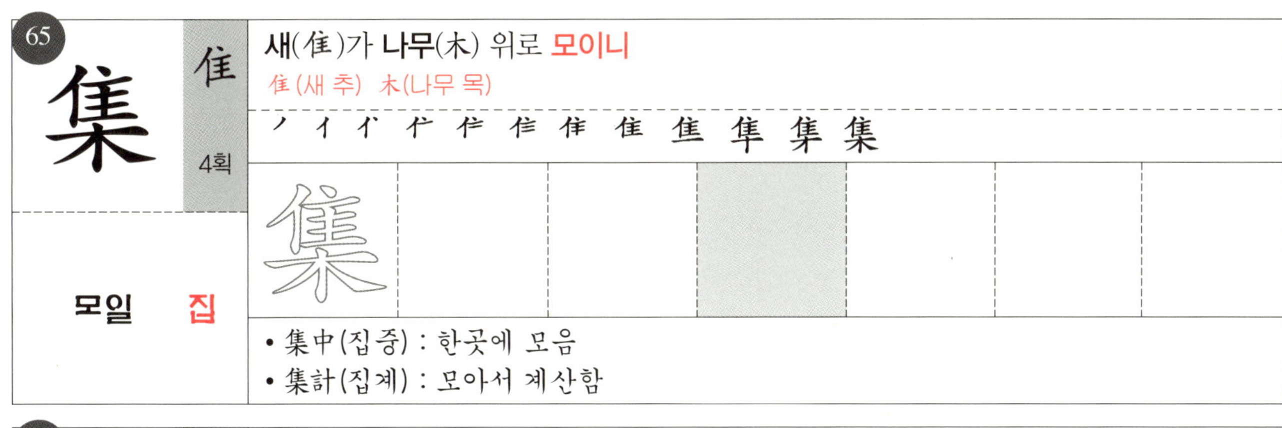

65 集

4획

모일 집

佳 — 새(佳)가 나무(木) 위로 **모이니**
佳(새 추) 木(나무 목)

丿 亻 亻 广 广 佳 佳 隹 隹 集 集

- 集中(집중) : 한곳에 모음
- 集計(집계) : 모아서 계산함

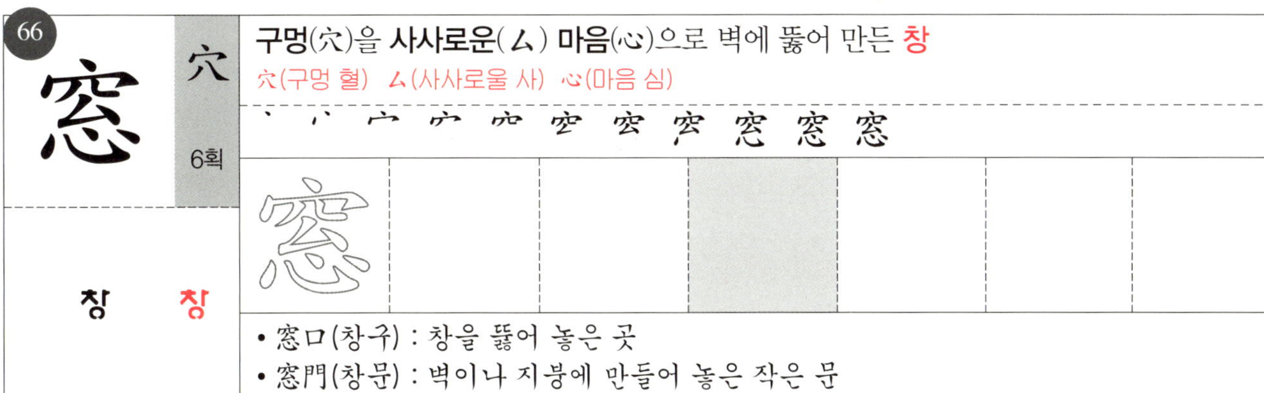

66 窓

6획

창 창

穴 — 구멍(穴)을 **사사로운**(厶) 마음(心)으로 벽에 뚫어 만든 **창**
穴(구멍 혈) 厶(사사로울 사) 心(마음 심)

丶 丶 宀 宀 穴 窎 窌 窉 窓 窓 窓

- 窓口(창구) : 창을 뚫어 놓은 곳
- 窓門(창문) : 벽이나 지붕에 만들어 놓은 작은 문

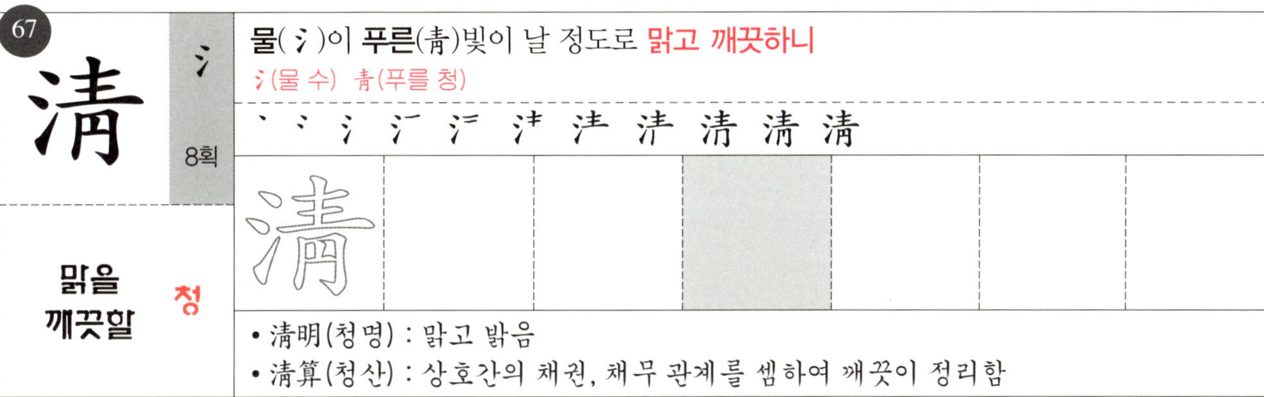

67 淸

8획

**맑을
깨끗할 청**

氵 — 물(氵)이 푸른(靑)빛이 날 정도로 **맑고 깨끗하니**
氵(물 수) 靑(푸를 청)

丶 丶 氵 氵 浐 浐 沣 淸 淸 淸 淸

- 淸明(청명) : 맑고 밝음
- 淸算(청산) : 상호간의 채권, 채무 관계를 셈하여 깨끗이 정리함

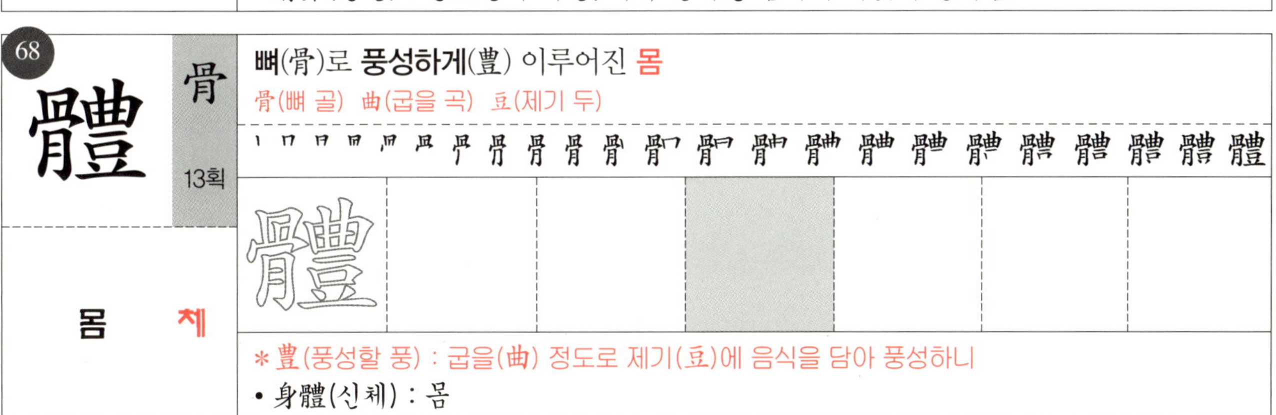

68 體

13획

몸 체

骨 — 뼈(骨)로 **풍성하게**(豊) 이루어진 **몸**
骨(뼈 골) 曲(굽을 곡) 豆(제기 두)

丨 冂 冂 冎 冎 丹 骨 骨 骨 骨 骨 體 體 體 體 體 體 體 體 體 體

- *豊(풍성할 풍) : 굽을(曲) 정도로 제기(豆)에 음식을 담아 풍성하니
- 身體(신체) : 몸

---

* 새( )가 **나무**(木) 위로 **모이니**

* 구멍(   )을 **사사로운**(厶) 마음(心)으로 벽에 뚫어 만든 **창**

* 물( )이 푸른(靑)빛이 날 정도로 **맑고 깨끗하니**

* 뼈( )로 **풍성하게**(豊) 이루어진 **몸**

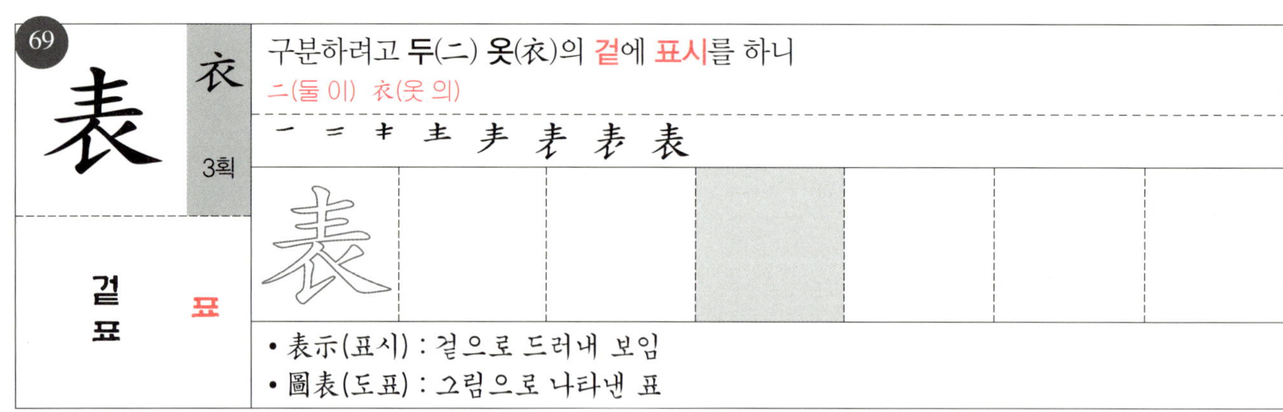

69 表	衣 3획 / 겉 표	구분하려고 **두(二) 옷(衣)**의 **겉**에 **표시**를 하니 二(둘 이) 衣(옷 의)

一 二 丰 圭 声 表 表 表

• 表示(표시) : 겉으로 드러내 보임
• 圖表(도표) : 그림으로 나타낸 표

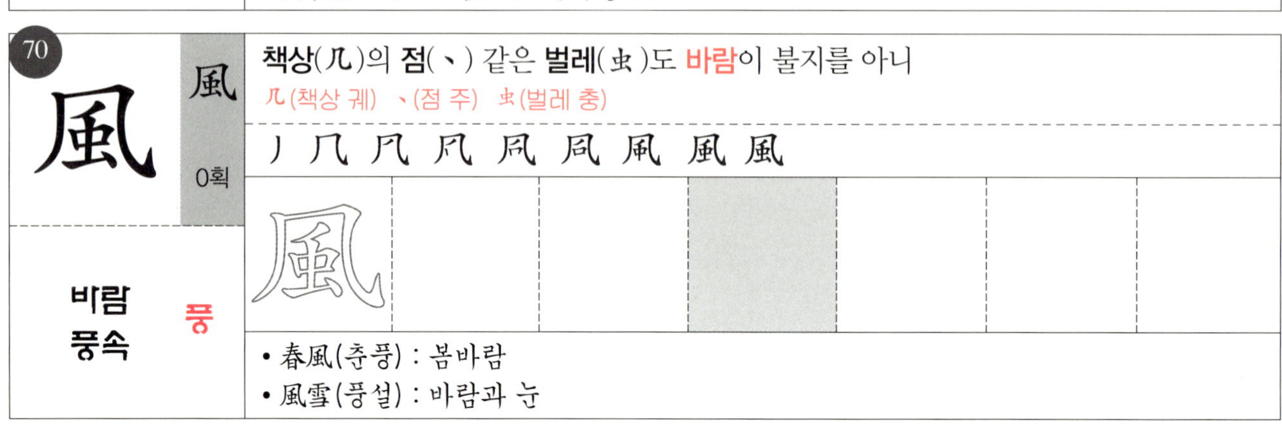

70 風	風 0획 / 바람 풍속 풍	**책상(几)의 점(、) 같은 벌레(虫)**도 **바람**이 불지를 아니 几(책상 궤) 、(점 주) 虫(벌레 충)

丿 几 几 凡 凤 凰 風 風 風

• 春風(춘풍) : 봄바람
• 風雪(풍설) : 바람과 눈

자원으로 한자 알기

* 구분하려고 **두(二) 옷(   )**의 **겉**에 **표시**를 하니   ☞

* **책상(几)의 점(、) 같은 벌레(虫)**도 **바람**이 불지를 아니   ☞

一思多得

62 第(차례 제) 弟(아우 제) 잘 구별하세요.

　第(차례 제) : 대(𥫗)로 **활(弓)**을 만들려고 **뚫어(丨) 끈(丿)**을 **차례**로 묶으니
　弟(아우 제) : 팔(丷)방으로 **활(弓)**을 쏘아 허공을 **뚫고(丨) 삐쳐(丿)** 노는 **아우**

亻	+		=	住(살 주)	**사람(亻)**은 **주(主)**로 일정한 곳에 머물러 **사니**
氵	+	主	=	注(부을 주)	**물(氵)**을 **주(主)**로 **부으니**

日	+		=	果(열매 과)	**햇빛(日)**을 받아 **나무(木)**에 **열매**가 열린 모양
隹	+	木	=	集(모일 집)	**새(隹)**가 **나무(木)** 위로 **모이니**

 **다음 한자를 나누고 자원을 쓰면서 익히세요.**

庭 뜰 정 = ☐ + ☐ + ☐ + ☐

第 차례 제 = ☐ + ☐ + ☐ + ☐

題 문제 제 = ☐ + ☐

注 부을 주 = ☐ + ☐

集 모일 집 = ☐ + ☐

窓 창 창 = ☐ + ☐ + ☐

淸 맑을 청 = ☐ + ☐

體 몸 체 = ☐ + ☐

表 겉 표 = ☐ + ☐

風 바람 풍 = ☐ + ☐ + ☐

校 庭	家 庭	第 一	登 第
問 題	注 入	注 目	集 中
集 計	窓 口	窓 門	淸 明
淸 算	身 體	表 示	圖 表
春 風	風 雪		

학교 교	뜰 정	차례 제	첫째 일	물을 문	문제 제	부을 주	들 입
모을 집	가운데 중	창 창	어귀 구	맑을 청	밝을 명	몸 신	몸 체
겉 표	보일 시	봄 춘	바람 풍	집 가	뜰 정	오를 등	시험 제
모을 주	눈 목	모을 집	셀 계	창 창	문 문	깨끗할 청	셈 산
그림 도	표 표	바람 풍	눈 설				

1 수업 종료를 알리는 종이 **校庭**에 울려 퍼졌다.

2 결혼하여 한 **家庭**을 이루다.

3 나는 과일 중에 사과를 **第一** 좋아한다.

4 **登第**를 축하했다.

5 어려운 수학 **問題**를 풀었다.

6 물을 **注入**하세요.

7 전달 사항이 있으니 모두 선생님을 **注目**하세요.

8 여러 사람의 시선을 **集中**시키다.

9 중간 개표의 **集計**를 발표했다.

10 은행 **窓口**마다 사람들이 줄지어 서 있다.

11 조그맣게 뚫린 **窓門** 틈으로 빛이 새어 들어왔다.

12 **清明**한 가을 하늘을 올려다본다.

13 친구에게 진 빚을 **清算**하다.

14 건강한 **身體**에 건전한 정신이 깃든다.

15 감사의 **表示**로 선물을 드렸다.

16 **圖表**로 나타내어 쉽게 이해한다.

17 삼월 호시절을 맞아 초목은 자라나고 **春風**은 불어 온갖 꽃이 만발했다.

18 기나긴 겨울에 그 **風雪**을 맞고도 싱싱하다.

71 幸 5획 干 다행 행	단 **한(一)** 번의 **고생(辛)**으로 끝내니 **다행**이다. 一(한 일) 辛(고생 신)

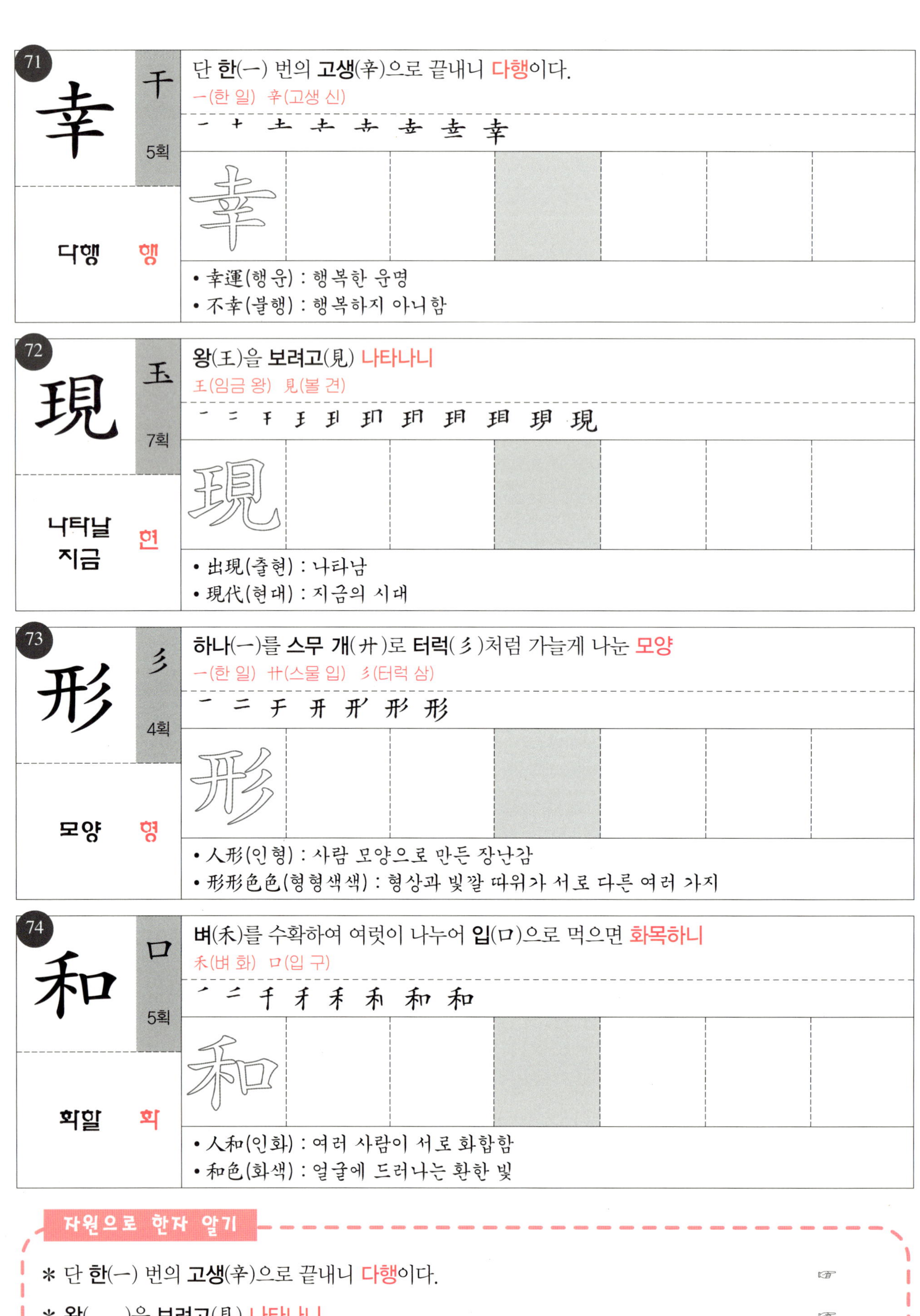

71 幸 5획 干 / 다행 행
단 **한(一)** 번의 **고생(辛)**으로 끝내니 **다행**이다.
一(한 일) 辛(고생 신)
一 十 土 圥 去 壵 壵 幸
- 幸運(행운) : 행복한 운명
- 不幸(불행) : 행복하지 아니함

72 現 7획 玉 / 나타날 지금 현
왕(王)을 보려고(見) **나타나니**
王(임금 왕) 見(볼 견)
一 二 干 王 珇 珇 珇 珇 珇 現 現
- 出現(출현) : 나타남
- 現代(현대) : 지금의 시대

73 形 4획 彡 / 모양 형
하나(一)를 스무 개(廾)로 **터럭(彡)**처럼 가늘게 나눈 **모양**
一(한 일) 廾(스물 입) 彡(터럭 삼)
一 二 干 开 形 形 形
- 人形(인형) : 사람 모양으로 만든 장난감
- 形形色色(형형색색) : 형상과 빛깔 따위가 서로 다른 여러 가지

74 和 5획 口 / 화할 화
벼(禾)를 수확하여 여럿이 나누어 **입(口)**으로 먹으면 **화목하니**
禾(벼 화) 口(입 구)
一 二 千 禾 禾 和 和 和
- 人和(인화) : 여러 사람이 서로 화합함
- 和色(화색) : 얼굴에 드러나는 환한 빛

---

* 단 **한(一)** 번의 **고생(辛)**으로 끝내니 **다행**이다. ☞

* **왕( )**을 보려고(見) **나타나니** ☞

* **하나(一)**를 스무 개(廾)로 **터럭( )**처럼 가늘게 나눈 **모양** ☞

* **벼(禾)**를 수확하여 여럿이 나누어 **입( )**으로 먹으면 **화목하니** ☞

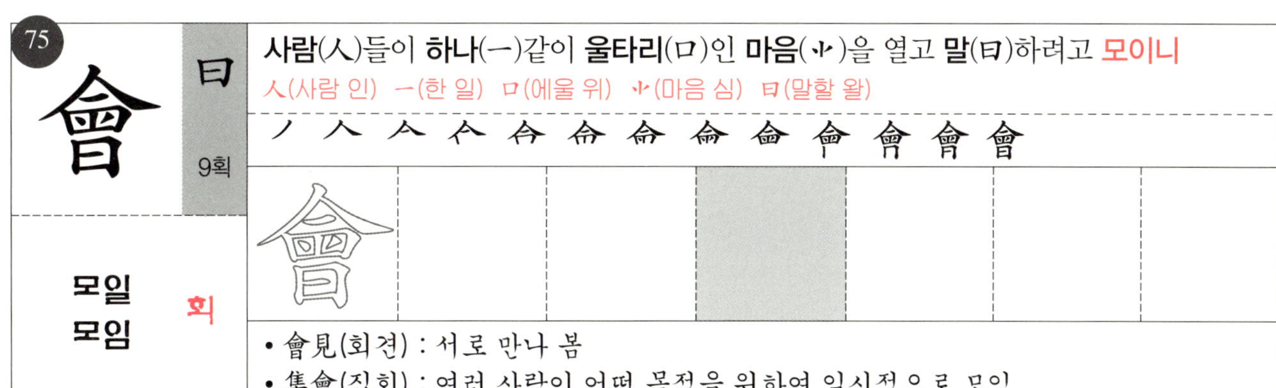

75 會 日 9획	사람(人)들이 하나(一)같이 울타리(口)인 마음(㶚)을 열고 말(曰)하려고 **모이니**
	人(사람 인) 一(한 일) 口(에울 위) 㶚(마음 심) 曰(말할 왈)

ノ 人 ㅅ ㅅ 仒 合 命 命 侖 侖 侖 侖 會 會

모일
모임 회

- 會見(회견) : 서로 만나 봄
- 集會(집회) : 여러 사람이 어떤 목적을 위하여 일시적으로 모임

＊ 사람(人)들이 하나(一)같이 울타리(口)인 마음(㶚)을 열고 말(　　)하려고 **모이니**

一思多得

王	+	里	=	理(다스릴 리)	왕(王)처럼 마을(里)을 이치에 맞게 다스리니
	+	見	=	現(나타날 현)	왕(王)을 보려고(見) 나타나니

禾	+	火	=	秋(가을 추)	벼(禾)를 불(火) 같은 햇빛에 말려 거두는 가을
	+	斗	=	科(과목 과)	벼(禾)를 말(斗)로 헤아려 구분하듯 구분해 놓은 과목
	+	ㅣ	=	利(이로울 리)	벼(禾)를 칼(ㅣ)로 베어 수확하면 이로우니
	+	口	=	和(화할 화)	벼(禾)를 수확하여 여럿이 나누어 입(口)으로 먹으면 화목하니

 다음 한자를 나누고 **자원**을 쓰면서 익히세요.

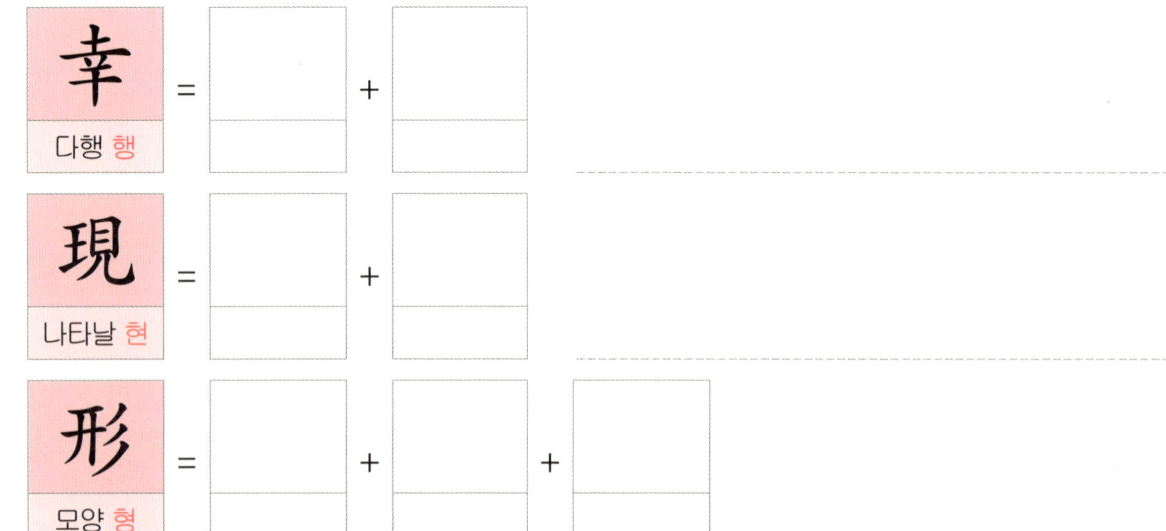

| 幸 다행 행 | = | | + | |

| 現 나타날 현 | = | | + | |

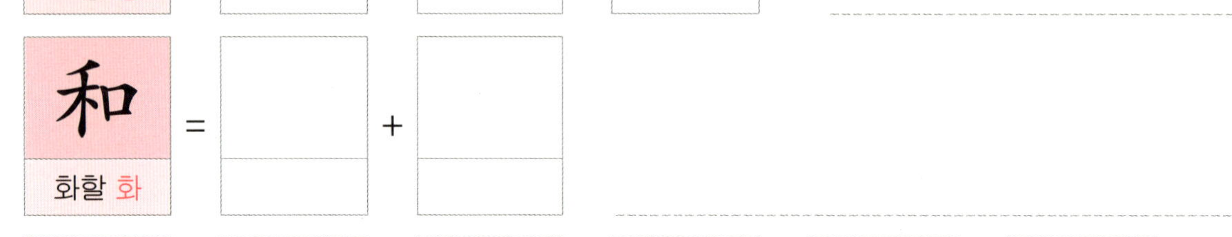

| 形 모양 형 | = | | + | | + | |

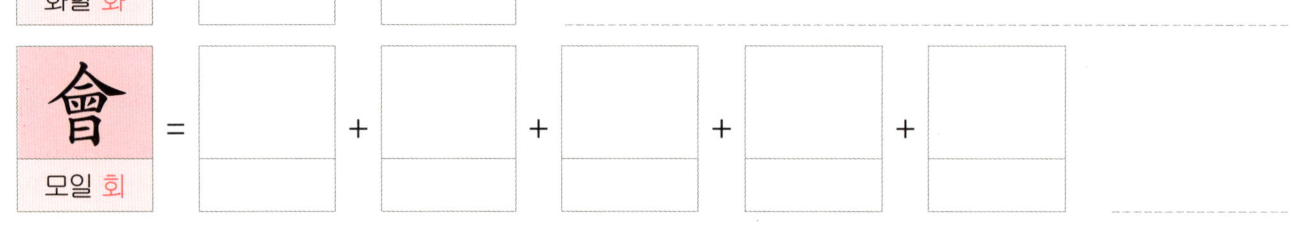

| 和 화할 화 | = | | + | |

| 會 모일 회 | = | | + | | + | | + | | + | |

 다음 한자어의 **독음**을 쓰세요.

幸 運	不 幸	出 現	現 代

人 形	人 和	和 色	會 見

集 會

 다음 한자어를 **한자**로 쓰세요.

다행 행 운수 운	날 출 나타날 현	사람 인 모양 형	사람 인 화할 화

모일 회 볼 견	아닐 불 행복 행	지금 현 시대 대	화할 화 빛 색

모일 집 모임 회

 **예문으로 한자어 익히기**(한자로 쓰인 단어의 뜻을 써보세요.)

1 그들은 집안에 **幸運**이 가득하기를 기원하였다.

2 **不幸**을 느끼다.

3 뜻하지 않은 산짐승의 **出現**으로 우리는 몹시 놀랐다.

4 전통 문화는 **現代**로 오면서 많이 사라졌다.

5 옆집 꼬마는 너무 귀여워 꼭 **人形**을 보는 것 같다.

6 커다란 일이 이루어지려면 **人和**가 있어야 한다.

7 환자의 얼굴에는 차츰 **和色**이 돌기 시작하였다.

8 긴급 **會見**을 통해 외교 문제를 이야기하였다.

9 **集會**를 열다.

51. 창(マ)을 든 **사내(男)**가 날래고 용감하니 ☞

52. 성(冂) 두(二) 개를 뚫고(丨) 들어가 쓰니 ☞

53. 군사(軍)들이 뛰어( ) 다니며 옮기니 ☞

54. 서(夭) 말(曰)하여 소리 지르니 ☞

55. 밥( ) 먹듯 입 벌려(欠) 마시니 ☞

56. 소리(音)쳐 마음( )의 뜻을 전하니 ☞

57. 사람( )이 잠깐(乍) 사이에 새로운 것을 지어내니 ☞

58. 날( )이 잠깐(乍) 사이에 지나가 어제가 되니 ☞

59. 하나(一)의 갈고리(亅)를 삐쳐(丿) 만드는 재주 ☞

60. 입(口)과 입(口)으로 말(曰) 하듯 소리 지르며 열(十) 명이 창( )을 들고 싸우니 ☞

61. 큰집( )에서 삐친(丿) 선비(士)를 끌고(ㄟ) 뜰로 나가니 ☞

62. 대( )로 활(弓)을 만들려고 뚫어(丨) 끈(丿)을 차례로 묶으니 ☞

63. 옳게(是) 머리( )를 써야 풀리는 문제 ☞

64. 물( )을 주(主)로 부으니 ☞

65. 새( )가 나무(木) 위로 모이니 ☞

66. 구멍( )을 사사로운(厶) 마음(心)으로 벽에 뚫어 만든 창 ☞

67. 물( )이 푸른(靑)빛이 날 정도로 맑고 깨끗하니 ☞

68. 뼈( )로 풍성하게(豊) 이루어진 몸 ☞

69. 구분하려고 두(二) 옷( )의 겉에 표시를 하니 ☞

70. 책상(几)의 점(丶) 같은 벌레(虫)도 바람이 불지를 아니 ☞

71. 단 한(一) 번의 고생(辛)으로 끝내니 다행이다. ☞

72. 왕( )을 보려고(見) 나타나니 ☞

73. 하나(一)를 스무 개(廾)로 터럭( )처럼 가늘게 나눈 모양 ☞

74. 벼(禾)를 수확하여 여럿이 나누어 입( )으로 먹으면 화목하니 ☞

75. 사람(人)들이 하나(一)같이 울타리(冂)인 마음(丷)을 열고 말( )하려고 모이니 ☞

勇

用　運

音　飲　意　作

昨　才　　　　戰　庭

第　　　6Ⅱ 51-75번　　　題
　　　　형성평가

注　集　　　窓　清

體　表　風　幸

現　形　和

會

 **다음 뜻과 음을 지닌 한자를 쓰세요.**

날랠 용

쓸 용

옮길 운

소리 음　마실 음

뜻 의　지을 작

어제 작　재주 재

싸움 전　뜰 정

6Ⅱ 51-75번
형성평가

차례 제

문제 제

부을 주　모일 집

창 창　맑을 청

몸 체　겉 표

바람 풍　다행 행

나타날 현　모양 형　화할 화

모일 회

6급
신습한자

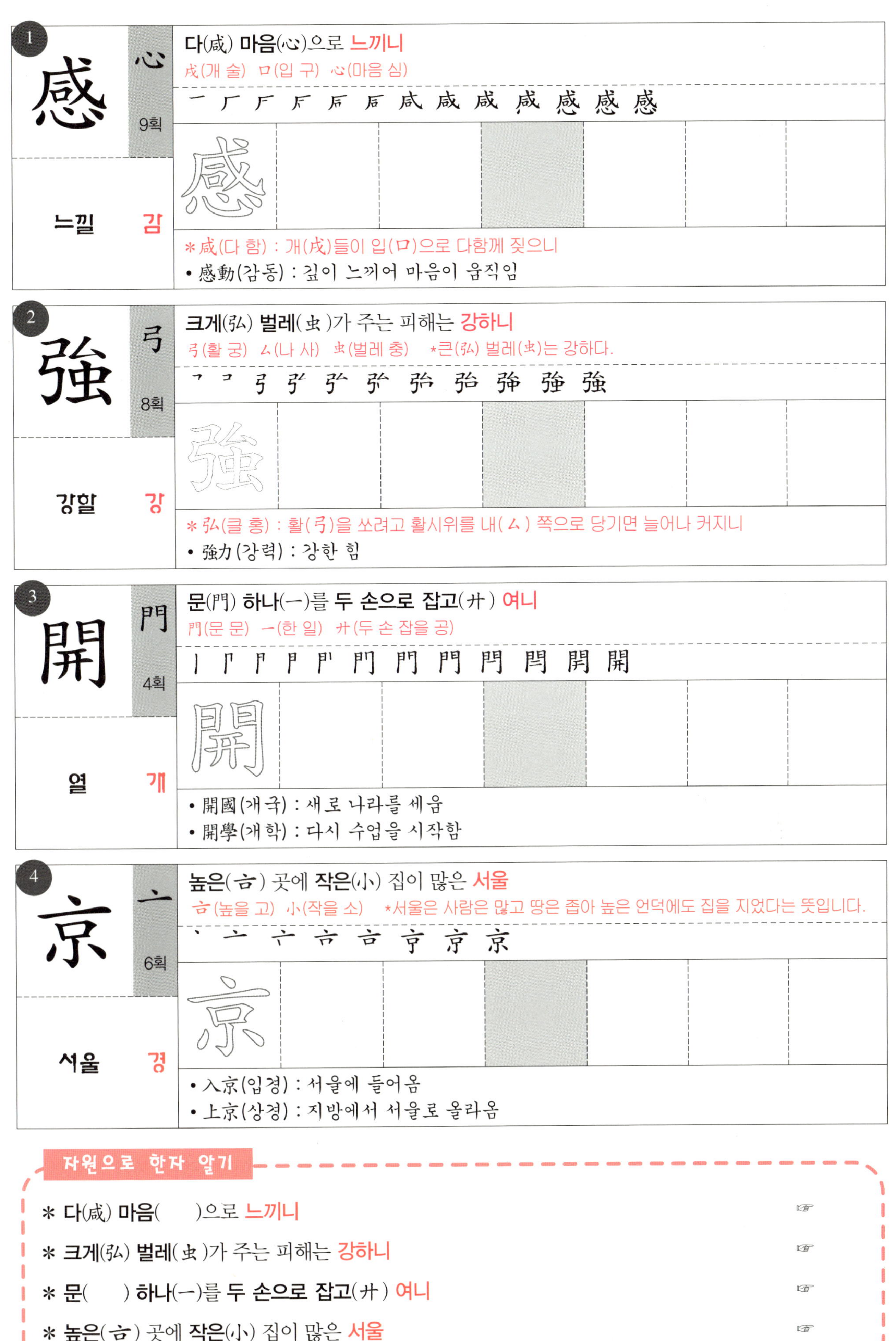

1	心 9획	다(咸) 마음(心)으로 **느끼니** 戌(개 술) 口(입 구) 心(마음 심)

感

느낄 **감**

*咸(다 함) : 개(戌)들이 입(口)으로 다함께 짖으니
• 感動(감동) : 깊이 느끼어 마음이 움직임

2	弓 8획	크게(弘) 벌레(虫)가 주는 피해는 **강하니** 弓(활 궁) 厶(나 사) 虫(벌레 충) *큰(弘) 벌레(虫)는 강하다.

強

강할 **강**

*弘(클 홍) : 활(弓)을 쏘려고 활시위를 내(厶) 쪽으로 당기면 늘어나 커지니
• 強力(강력) : 강한 힘

3	門 4획	문(門) 하나(一)를 두 손으로 잡고(廾) **여니** 門(문 문) 一(한 일) 廾(두 손 잡을 공)

開

열 **개**

• 開國(개국) : 새로 나라를 세움
• 開學(개학) : 다시 수업을 시작함

4	亠 6획	높은(亠) 곳에 작은(小) 집이 많은 **서울** 亠(높을 고) 小(작을 소) *서울은 사람은 많고 땅은 좁아 높은 언덕에도 집을 지었다는 뜻입니다.

京

서울 **경**

• 入京(입경) : 서울에 들어옴
• 上京(상경) : 지방에서 서울로 올라옴

---

* 다(咸) 마음(   )으로 **느끼니** ☞

* 크게(弘) 벌레(虫)가 주는 피해는 **강하니** ☞

* 문(   ) 하나(一)를 두 손으로 잡고(廾) **여니** ☞

* 높은(亠) 곳에 작은(小) 집이 많은 **서울** ☞

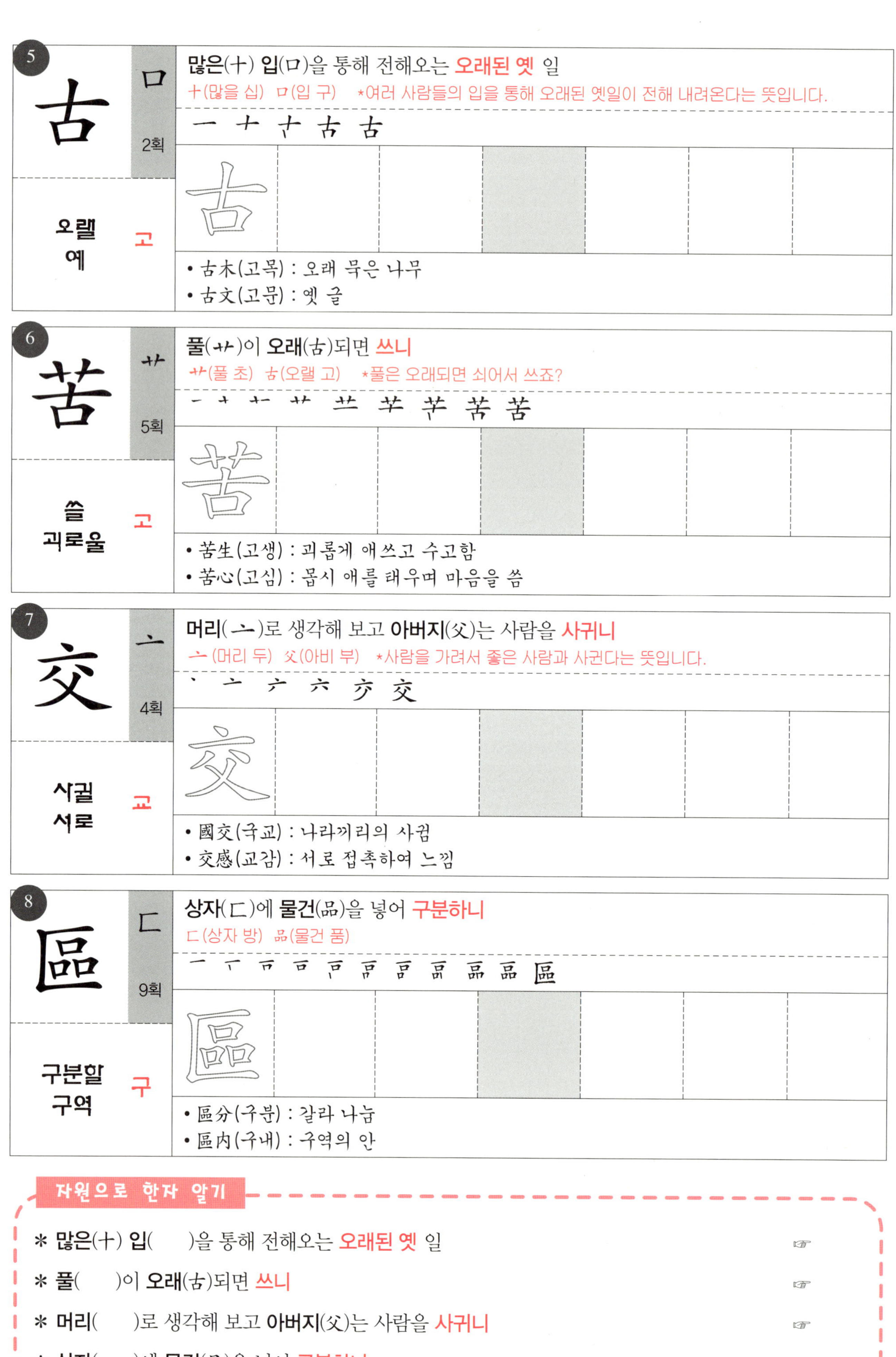

5

古

口

2획

오랠
예   고

많은(十) 입(口)을 통해 전해오는 **오래된 옛** 일
十(많을 십) 口(입 구) *여러 사람들의 입을 통해 오래된 옛일이 전해 내려온다는 뜻입니다.

一 十 十 古 古

• 古木(고목) : 오래 묵은 나무
• 古文(고문) : 옛 글

6

苦

艹

5획

쓸
괴로울   고

풀(艹)이 오래(古)되면 **쓰니**
艹(풀 초) 古(오랠 고) *풀은 오래되면 쇠어서 쓰죠?

一 十 卄 艹 芒 芋 苦 苦

• 苦生(고생) : 괴롭게 애쓰고 수고함
• 苦心(고심) : 몹시 애를 태우며 마음을 씀

7

交

亠

4획

사귈
서로   교

머리(亠)로 생각해 보고 **아버지**(父)는 사람을 **사귀니**
亠(머리 두) 父(아비 부) *사람을 가려서 좋은 사람과 사귄다는 뜻입니다.

、 一 亠 六 产 交

• 國交(국교) : 나라끼리의 사귐
• 交感(교감) : 서로 접촉하여 느낌

8

區

匚

9획

구분할
구역   구

상자(匚)에 물건(品)을 넣어 **구분하니**
匚(상자 방) 品(물건 품)

一 丅 丆 咠 咠 咠 品 品 品 區

• 區分(구분) : 갈라 나눔
• 區内(구내) : 구역의 안

자원으로 한자 알기

* 많은(十) 입(   )을 통해 전해오는 **오래된 옛** 일

* 풀(   )이 오래(古)되면 **쓰니**

* 머리(   )로 생각해 보고 **아버지**(父)는 사람을 **사귀니**

* 상자(   )에 물건(品)을 넣어 **구분하니**

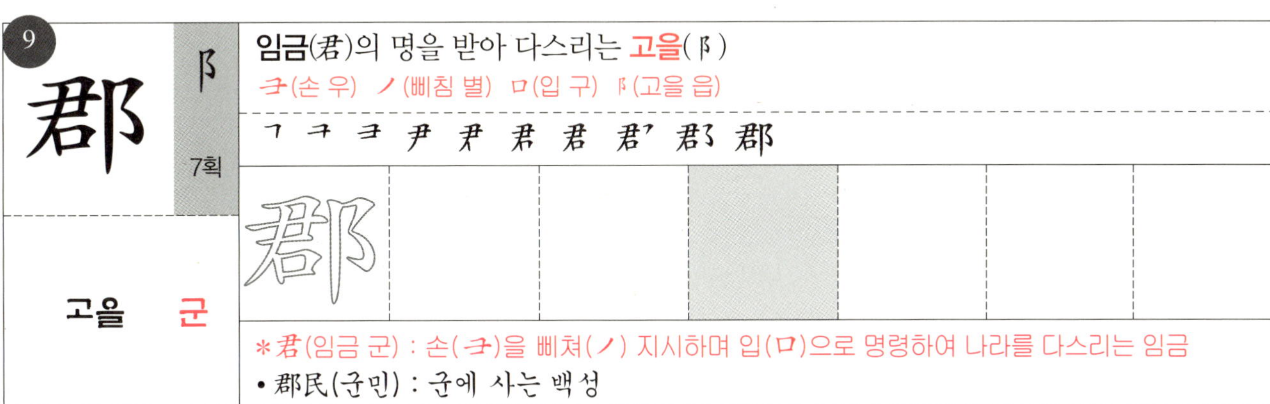

9 **郡** 7획	阝	**임금**(君)의 명을 받아 다스리는 **고을**(阝)
		彐(손 우) ノ(삐침 별) 口(입 구) 阝(고을 읍)
		ㄱ ㅋ ㅋ 尹 尹 君 君 君' 君阝 郡
고을 **군**		*君(임금 군) : 손(彐)을 삐쳐(ノ) 지시하며 입(口)으로 명령하여 나라를 다스리는 임금
		• 郡民(군민) : 군에 사는 백성

10 **根** 6획	木	**나무**(木)가 제자리에 **그쳐**(艮) 있는 것은 **뿌리** 때문이니
		木(나무 목) 艮(그칠 간)
		一 十 才 木 木' 杊 柁 相 相 根
뿌리 **근**		• 草根(초근) : 풀뿌리
		• 毛根(모근) : 털뿌리

❋ **임금**(君)의 명을 받아 다스리는 **고을**(   ) ☞

❋ **나무**(   )가 제자리에 **그쳐**(艮) 있는 것은 **뿌리** 때문이니 ☞

一思多得

門	+ 日	= 間(사이 간)	문(門)틈 **사이**로 햇빛(日)이 새어 들어오니
	+ 口	= 問(물을 문)	문(門)에 대고 **입**(口) 벌려 **물으니**
	+ 耳	= 聞(들을 문)	문(門)에 **귀**(耳)를 대고 **들으니**
	+ 一 卅	= 開(열 개)	문(門) **하나**(一)를 두 손으로 잡고(卅) **여니**

木	+ 交	= 校(학교 교)	나무(木) 회초리로 맞기도 하며 친구도 **사귀는**(交) 학교
	+ 直	= 植(심을 식)	나무(木)를 **곧게**(直) **심으니**
	+ 寸	= 村(마을 촌)	나무(木)로 **규칙**(寸)에 따라 집을 지은 **마을**
	+ 艮	= 根(뿌리 근)	나무(木)가 제자리에 **그쳐**(艮) 있는 것은 **뿌리** 때문이니

感 느낄 감	=	+	
強 강할 강	=	+	
開 열 개	=	+	+
京 서울 경	=	+	
古 예 고	=	+	
苦 쓸 고	=	+	
交 사귈 교	=	+	
區 구분할 구	=	+	
郡 고을 군	=	+	
根 뿌리 근	=	+	

 다음 한자어의 **독음**을 쓰세요.

感 動	強 力	開 國	開 學
入 京	上 京	古 木	古 文
苦 生	苦 心	國 交	交 感
區 分	區 內	郡 民	草 根
毛 根			

 다음 한자어를 **한자**로 쓰세요.

느낄 감 / 움직일 동	강할 강 / 힘 력	열 개 / 나라 국	들 입 / 서울 경
오랠 고 / 나무 목	괴로울 고 / 살 생	나라 국 / 사귈 교	구분할 구 / 나눌 분
고을 군 / 백성 민	풀 초 / 뿌리 근	열 개 / 배울 학	오를 상 / 서울 경
예 고 / 글월 문	괴로울 고 / 마음 심	서로 교 / 느낄 감	구역 구 / 안 내
털 모 / 뿌리 근			

1 가슴이 터질 듯한 **感動**을 느낀다.

2 작년에 비하면 **強力** 범죄 건수가 많이 줄어들었다.

3 단군왕검이 고조선을 **開國**하였다.

4 **開學**을 맞아 시골에 가 있던 학생들이 서울로 올라왔다.

5 해외 유명선수의 **入京**소식에 축구팬들이 공항까지 마중 나가 열광하였다.

6 순덕이는 푸른 꿈을 안고 **上京**했다.

7 천 년 묵은 아름드리 **古木** 한 그루가 있다.

8 **古文**은 공부하기가 어렵다.

9 **苦生**을 참고 견디면 좋은 날이 올 것이다.

10 그는 어떤 일을 할 것인지를 두고 **苦心**하고 있다.

11 한국은 중국과 **國交**를 맺었다.

12 내 마음을 속속들이 알아주는 고요히 반짝이는 별과 **交感**을 나누었다.

13 서정시와 서사시의 **區分**은 상대적일 뿐이다.

14 기차에서 내려 역 **區内**를 빠져나왔다.

15 내일 **郡民** 체육대회가 열린다.

16 할머니가 어렸을 적에는 먹을 것이 없어서 **草根**을 캐서 먹고 사셨다고 한다.

17 **毛根**을 강화해주는 효과가 있다.

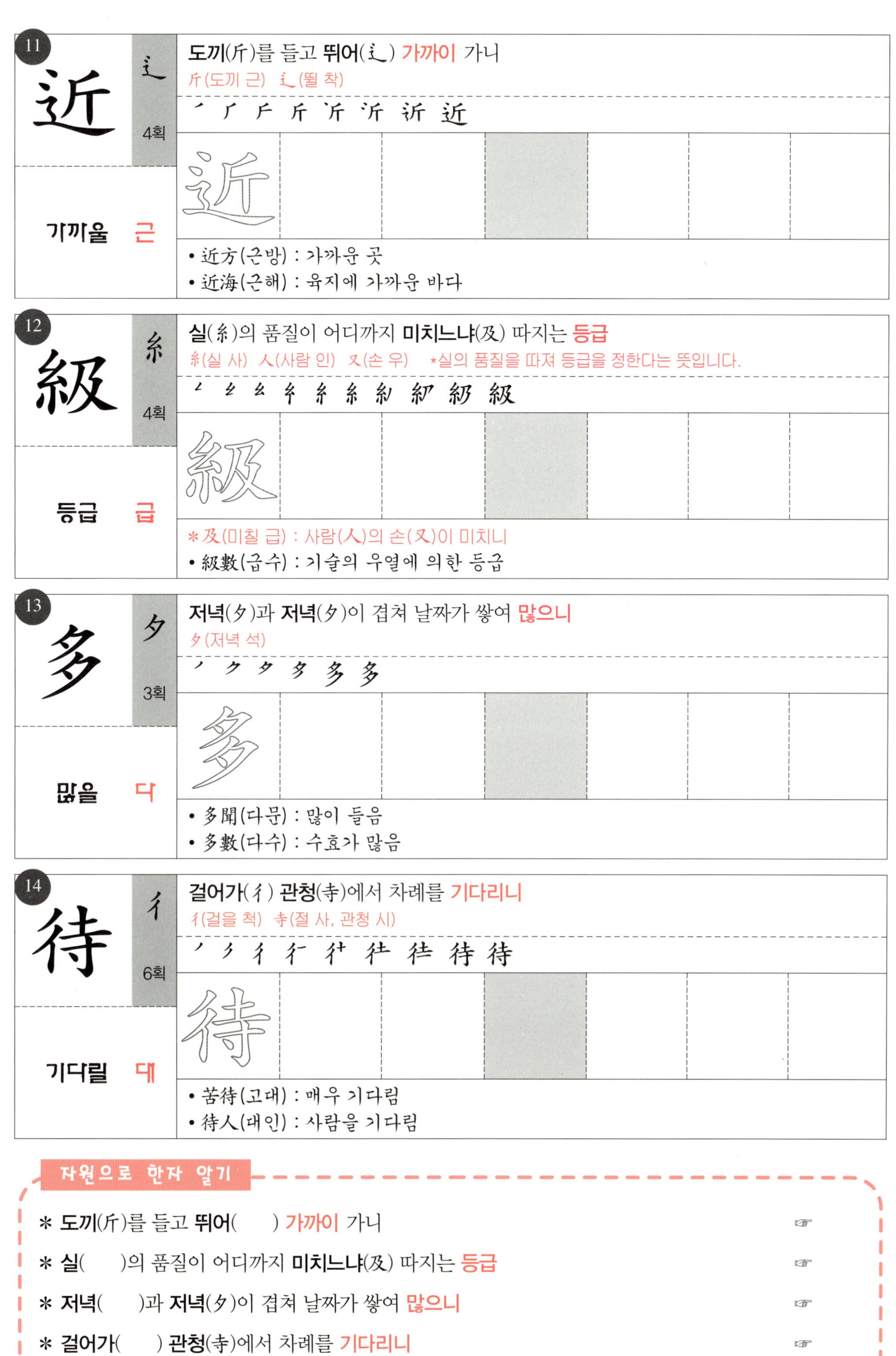

| 11 近 4획 | 辶 | 도끼(斤)를 들고 **뛰어**(辶) **가까이** 가니
斤(도끼 근) 辶(뛸 착) |
| 가까울 근 | | • 近方(근방) : 가까운 곳
• 近海(근해) : 육지에 가까운 바다 |

| 12 級 4획 | 糸 | **실**(糸)의 품질이 어디까지 **미치느냐**(及) 따지는 **등급**
糸(실 사) 人(사람 인) 又(손 우) *실의 품질을 따져 등급을 정한다는 뜻입니다. |
| 등급 급 | | *及(미칠 급) : 사람(人)의 손(又)이 미치니
• 級數(급수) : 기술의 우열에 의한 등급 |

| 13 多 3획 | 夕 | **저녁**(夕)과 **저녁**(夕)이 겹쳐 날짜가 쌓여 **많으니**
夕(저녁 석) |
| 많을 다 | | • 多聞(다문) : 많이 들음
• 多數(다수) : 수효가 많음 |

| 14 待 6획 | 彳 | **걸어가**(彳) **관청**(寺)에서 차례를 **기다리니**
彳(걸을 척) 寺(절 사, 관청 시) |
| 기다릴 대 | | • 苦待(고대) : 매우 기다림
• 待人(대인) : 사람을 기다림 |

자원으로 한자 알기

* **도끼**(斤)를 들고 **뛰어**(   ) **가까이** 가니

* **실**(   )의 품질이 어디까지 **미치느냐**(及) 따지는 **등급**

* **저녁**(   )과 **저녁**(夕)이 겹쳐 날짜가 쌓여 **많으니**

* **걸어가**(   ) **관청**(寺)에서 차례를 **기다리니**

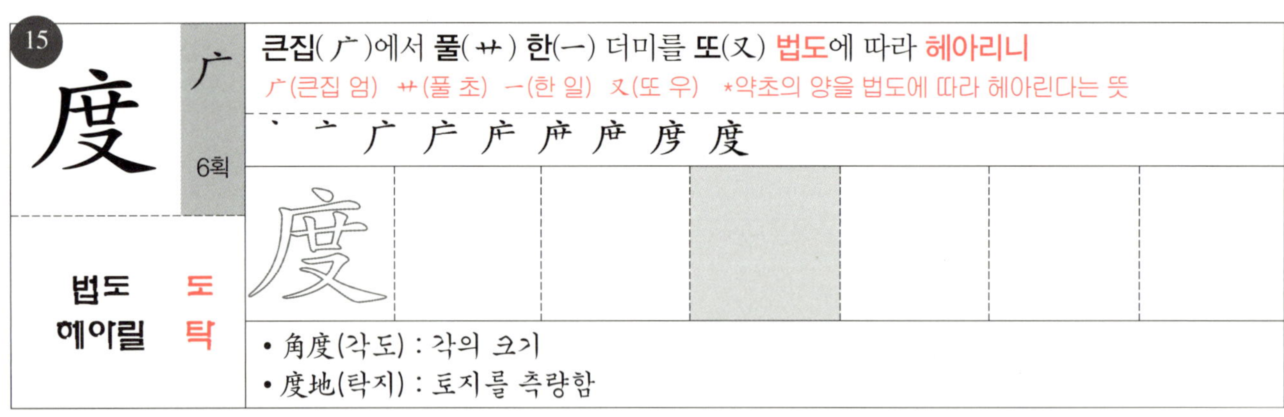

15 度	广 6획	큰집(广)에서 풀(艹) 한(一) 더미를 또(又) 법도에 따라 헤아리니 广(큰집 엄) 艹(풀 초) 一(한 일) 又(또 우) *약초의 양을 법도에 따라 헤아린다는 뜻

`丶 亠 广 广 庐 庐 庐 度 度`

법도 **도**
헤아릴 **탁**

- 角度(각도) : 각의 크기
- 度地(탁지) : 토지를 측량함

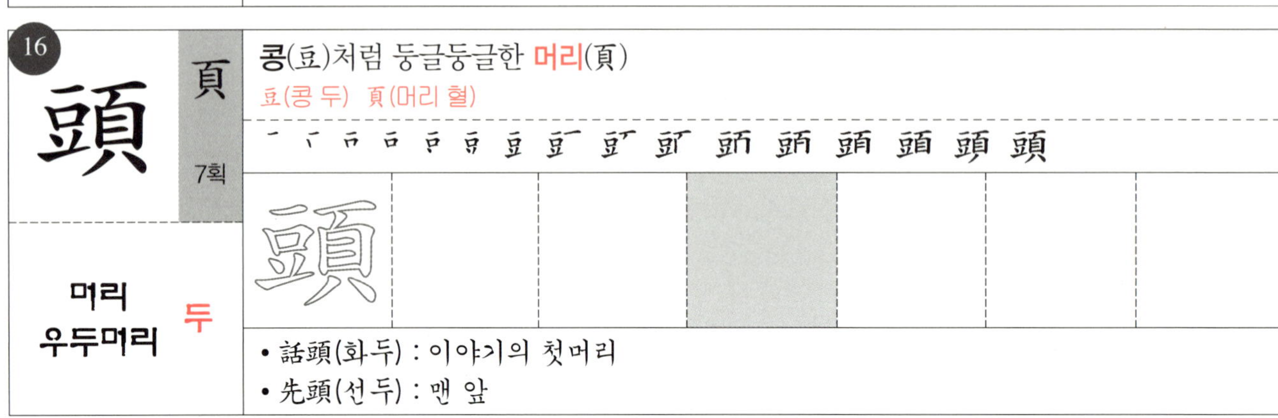

16 頭	頁 7획	콩(豆)처럼 둥글둥글한 머리(頁) 豆(콩 두) 頁(머리 혈)

`一 厂 戸 戸 戸 豆 豆 豇 郅 郅 頭 頭 頭 頭 頭 頭`

머리
우두머리 **두**

- 話頭(화두) : 이야기의 첫머리
- 先頭(선두) : 맨 앞

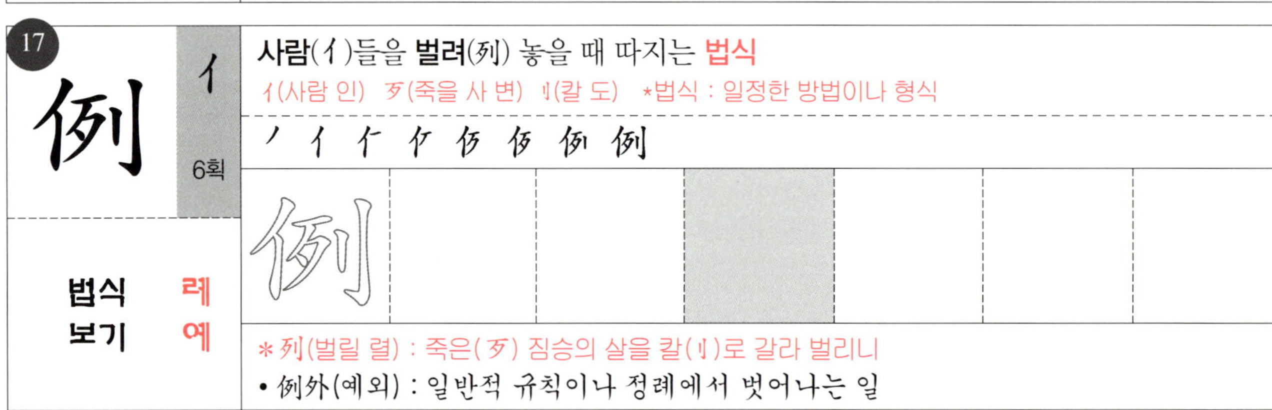

17 例	亻 6획	사람(亻)들을 벌려(列) 놓을 때 따지는 법식 亻(사람 인) 歹(죽을 사 변) 刂(칼 도) *법식 : 일정한 방법이나 형식

`丿 亻 亻 亻 佇 佇 例 例`

법식 **례**
보기 **예**

- *列(벌릴 렬) : 죽은(歹) 짐승의 살을 칼(刂)로 갈라 벌리니
- 例外(예외) : 일반적 규칙이나 정례에서 벗어나는 일

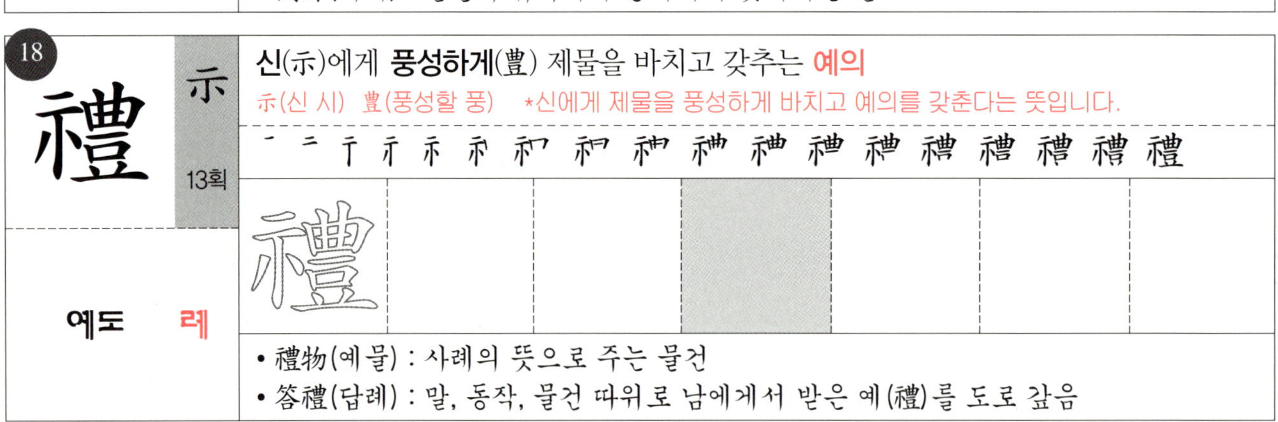

18 禮	示 13획	신(示)에게 풍성하게(豊) 제물을 바치고 갖추는 예의 示(신 시) 豊(풍성할 풍) *신에게 제물을 풍성하게 바치고 예의를 갖춘다는 뜻입니다.

`一 二 亍 亍 示 示 禾 禕 禕 禮 禮 禮 禮 禮 禮 禮 禮`

예도 **례**

- 禮物(예물) : 사례의 뜻으로 주는 물건
- 答禮(답례) : 말, 동작, 물건 따위로 남에게서 받은 예(禮)를 도로 갚음

자원으로 한자 알기

* 큰집(　　)에서 풀(艹) 한(一) 더미를 또(又) 법도에 따라 **헤아리니** ☞

* 콩(豆)처럼 둥글둥글한 **머리**(　　) ☞

* 사람(　　)들을 벌려(列) 놓을 때 따지는 **법식** ☞

* 신(　　)에게 풍성하게(豊) 제물을 바치고 갖추는 **예의** ☞

<table>
<tr><td>19

路

길　로</td><td>足

6획</td><td>발(足)로 각각(各) 걸어 다닐 수 있도록 만든 길
足(발 족)　各(각각 각)

丶 ㄇ ㅁ ㅁ ㅁ ㄇ ㄇ ㄇ ㄇ 政 政 路 路

路

• 大路(대로) : 큰 길
• 活路(활로) : 살아 나갈 길</td></tr>
</table>

<table>
<tr><td>20

綠

푸를　록</td><td>糸

8획</td><td>실(糸)로 무늬를 새겨(彔) 푸르니
糸(실 사)　彑(돼지 계)　氺(물 수)　*실로 푸르게 무늬를 새긴다는 뜻입니다. 십자수 아시죠?

ㄥ ㄥ ㄠ ㄠ ㅤ 糸 糸 糸 糸 綬 絳 絳 綠 綠

綠

＊彔(새길 록) : 돼지(彑) 모양을 물(氺)로 새기니
• 綠色(녹색) : 초록색</td></tr>
</table>

＊ 발(　　)로 각각(各) 걸어 다닐 수 있도록 만든 길　☞

＊ 실(　　)로 무늬를 새겨(彔) 푸르니　☞

一思多得

示	+	且	=	祖(할아비 조)	보이면(示) 또(且) 절해야 하는 할아버지
	+	土	=	社(모일 사)	신(示)에게 제사 지내려고 땅(土)에 모이니
	+	申	=	神(귀신 신)	신(示)처럼 형상을 펼쳐(申) 보이는 귀신
	+	豊	=	禮(예도 례)	신(示)에게 풍성하게(豊) 제물을 바치고 갖추는 예의

糸	+	氏	=	紙(종이 지)	섬유질 실(糸)을 뿌리(氏)처럼 얽히고설켜서 만든 종이
	+	泉	=	線(줄 선)	실(糸)을 샘(泉)물처럼 길게 이어 놓은 줄
	+	及	=	級(등급 급)	실(糸)의 품질이 어디까지 미치느냐(及) 따지는 등급
	+	彔	=	綠(푸를 록)	실(糸)로 무늬를 새겨(彔) 푸르니

 다음 한자를 나누고 **자원**을 쓰면서 익히세요.

近	=		+	
가까울 근				

級	=		+	
등급 급				

多	=		+	
많을 다				

待	=		+	
기다릴 대				

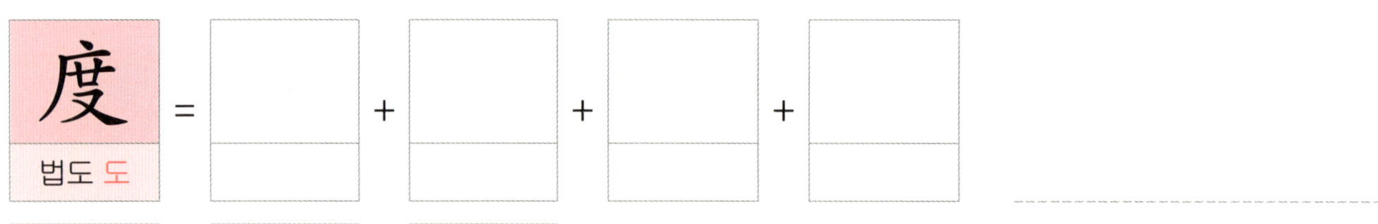

度	=		+		+		+	
법도 도								

頭	=		+	
머리 두				

例	=		+	
법식 례				

禮	=		+	
예도 례				

路	=		+	
길 로				

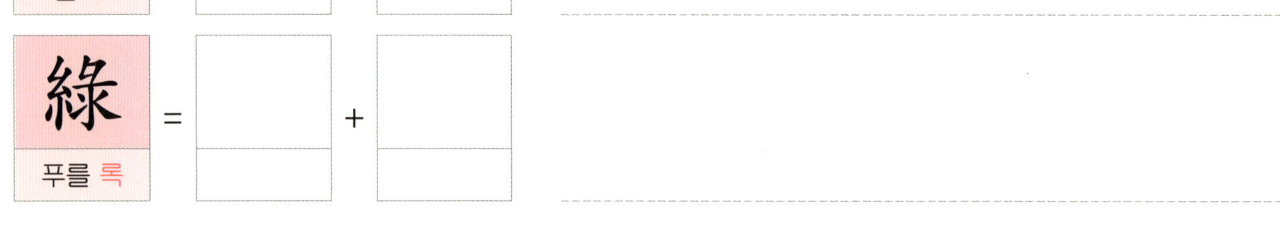

綠	=		+	
푸를 록				

다음 한자어의 독음을 쓰세요.

近 方	近 海	級 數	多 聞
多 數	苦 待	待 人	角 度
度 地	話 頭	先 頭	例 外
禮 物	答 禮	大 路	活 路
綠 色			

다음 한자어를 한자로 쓰세요.

가까울 근 곳 방	등급 급 등급 수	많을 다 들을 문	괴로울 고 기다릴 대
각도 각 정도 도	이야기 화 머리 두	법식 례 바깥 외	예도 례 물건 물
큰 대 길 로	푸를 록 빛 색	가까울 근 바다 해	많을 다 셈 수
기다릴 대 사람 인	헤아릴 탁 땅 지	먼저 선 우두머리 두	갚을 답 예도 례
살 활 길 로			

 **예문으로 한자어 익히기**(한자로 쓰인 단어의 뜻을 써보세요.)

1 이 近方에서 오랫동안 살았었다.

2 섬 近海에서 물고기를 잡았다.

3 그는 나보다 바둑 級數가 낮다.

4 그는 매우 多聞한 사람이어서 모르는 것이 없다고 소문이 났었다.

5 그는 多數의 지지를 받아 당선되었다.

6 苦待하던 그 날이 다가왔다.

7 몇 시간째 친구를 待人하고 있다.

8 그는 선생님께 구십도 角度로 허리를 굽혀 인사했다.

9 度地는 토지를 측량한다는 뜻이다.

10 또 음악 문제를 가지고 話頭를 꺼냈다.

11 결승 지점이 가까워지자 우리나라 선수가 先頭로 나섰다.

12 例外 없는 법은 없다.

13 결혼 禮物로 순금 반지를 교환하였다.

14 答禮로 선물을 드렸다.

15 넓은 大路에는 오가는 차도 없이 가로등 불빛만 반짝인다.

16 아버지께서는 사업에 실패해 새로운 活路를 찾고 있다.

17 아이는 綠色 물감으로 나뭇잎을 색칠하였다.

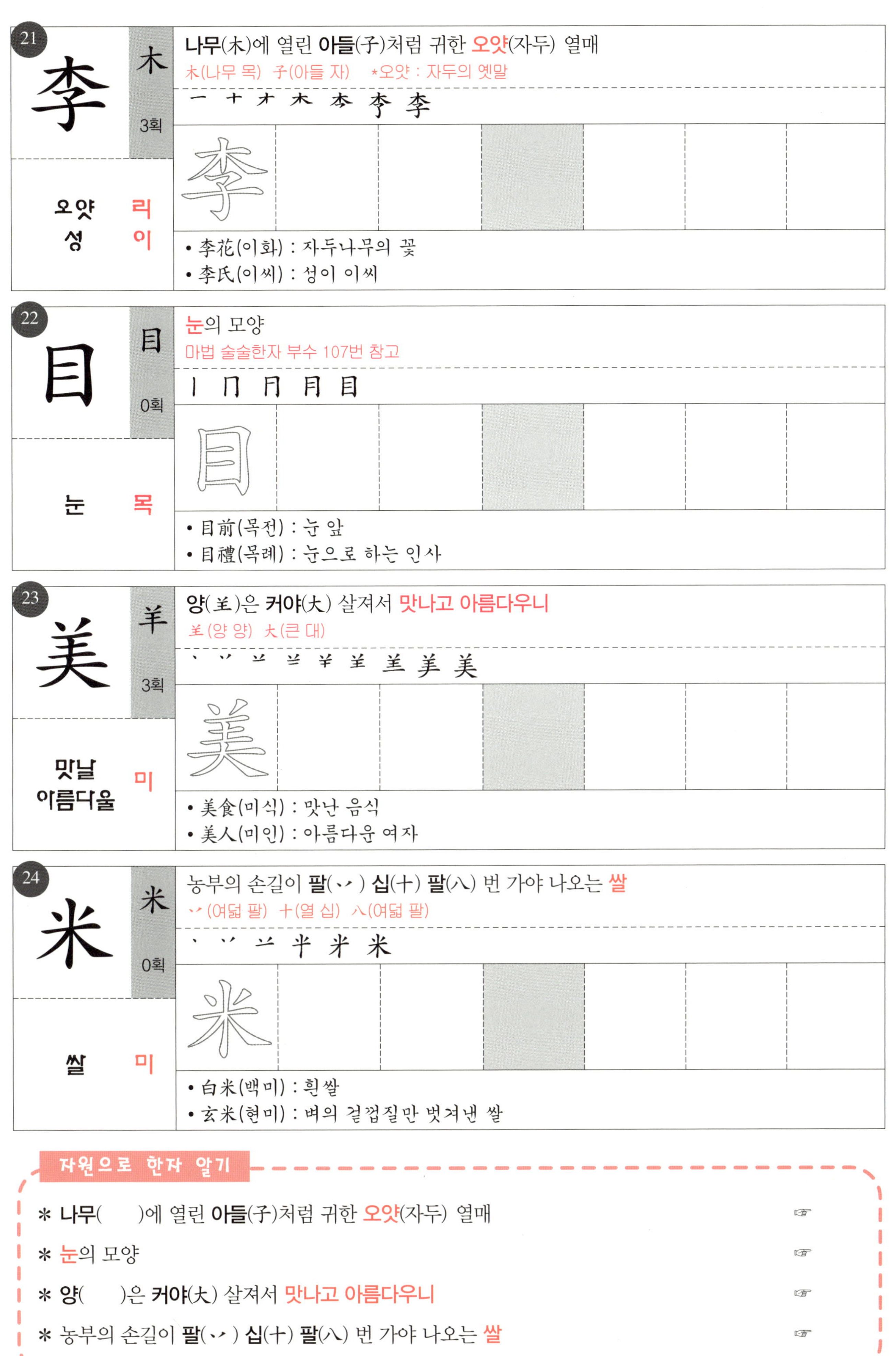

21 李 / 木 / 3획

나무(木)에 열린 **아들**(子)처럼 귀한 **오얏**(자두) 열매
木(나무 목) 子(아들 자) *오얏 : 자두의 옛말

一 十 ナ オ 木 本 李 李

오얏
성 **리**
   이

• 李花(이화) : 자두나무의 꽃
• 李氏(이씨) : 성이 이씨

22 目 / 目 / 0획

눈의 모양
마법 술술한자 부수 107번 참고

丨 冂 冂 月 目

눈 **목**

• 目前(목전) : 눈 앞
• 目禮(목례) : 눈으로 하는 인사

23 美 / 羊 / 3획

양(羊)은 **커야**(大) 살쪄서 **맛나고 아름다우니**
羊(양 양) 大(큰 대)

丶 丷 ⺍ ⺌ ⴹ 羊 芏 美 美

맛날
아름다울 **미**

• 美食(미식) : 맛난 음식
• 美人(미인) : 아름다운 여자

24 米 / 米 / 0획

농부의 손길이 **팔**(丷) **십**(十) **팔**(八) 번 가야 나오는 **쌀**
丷(여덟 팔) 十(열 십) 八(여덟 팔)

丶 丷 丷 ㄓ 半 米 米

쌀 **미**

• 白米(백미) : 흰쌀
• 玄米(현미) : 벼의 겉껍질만 벗겨낸 쌀

자원으로 한자 알기

* **나무**(　　)에 열린 **아들**(子)처럼 귀한 **오얏**(자두) 열매　　☞

* **눈**의 모양　　☞

* **양**(　　)은 **커야**(大) 살쪄서 **맛나고 아름다우니**　　☞

* 농부의 손길이 **팔**(丷) **십**(十) **팔**(八) 번 가야 나오는 **쌀**　　☞

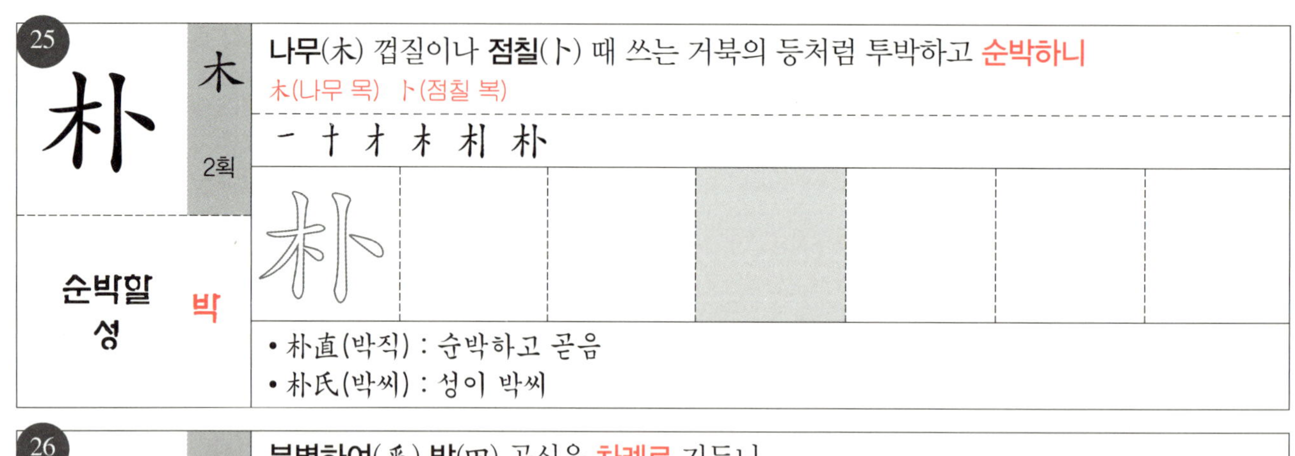

25 朴 / 木 / 2획	나무(木) 껍질이나 **점칠**(卜) 때 쓰는 거북의 등처럼 투박하고 순박하니
	木(나무 목) 卜(점칠 복)
	一 十 才 木 朴 朴
순박할 성 / 박	朴
	• 朴直(박직) : 순박하고 곧음 • 朴氏(박씨) : 성이 박씨

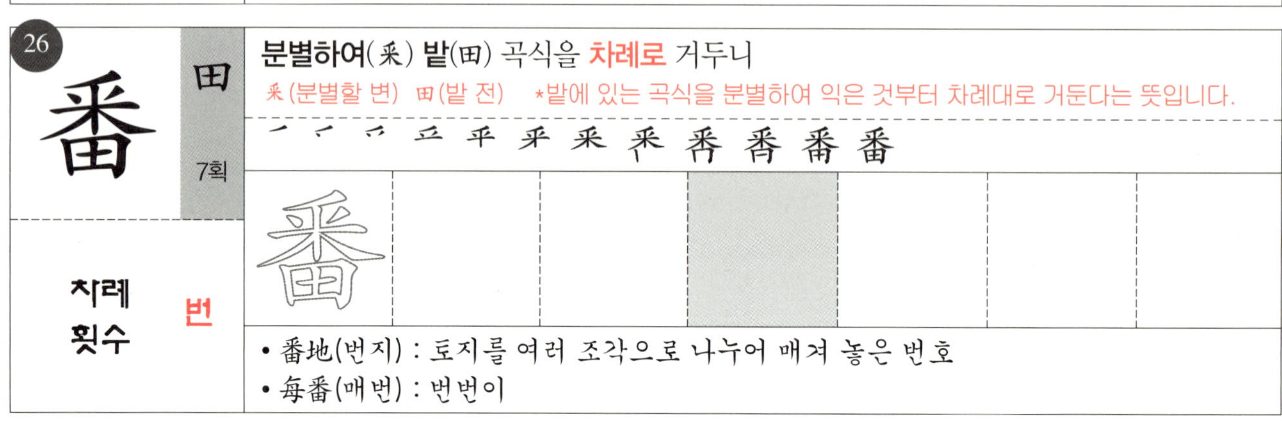

26 番 / 田 / 7획	분별하여(采) 밭(田) 곡식을 **차례로** 거두니
	采(분별할 변) 田(밭 전) *밭에 있는 곡식을 분별하여 익은 것부터 차례대로 거둔다는 뜻입니다.
	一 ▽ ▽ ▽ ▽ 采 采 番 番 番 番
차례 횟수 / 번	番
	• 番地(번지) : 토지를 여러 조각으로 나누어 매겨 놓은 번호 • 每番(매번) : 번번이

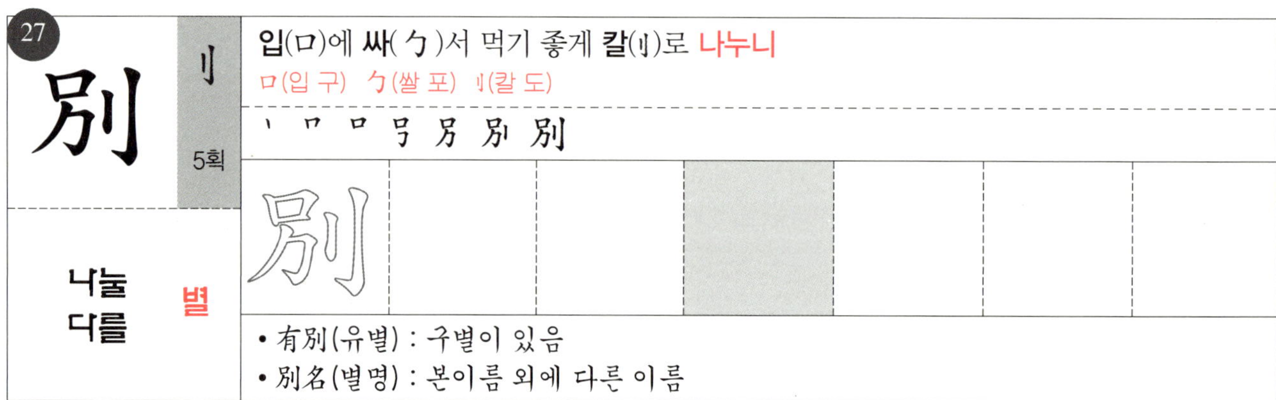

27 別 / 刂 / 5획	입(口)에 **싸**(勹)서 먹기 좋게 **칼**(刂)로 나누니
	口(입 구) 勹(쌀 포) 刂(칼 도)
	丶 冂 口 号 号 別 別
나눌 다를 / 별	別
	• 有別(유별) : 구별이 있음 • 別名(별명) : 본이름 외에 다른 이름

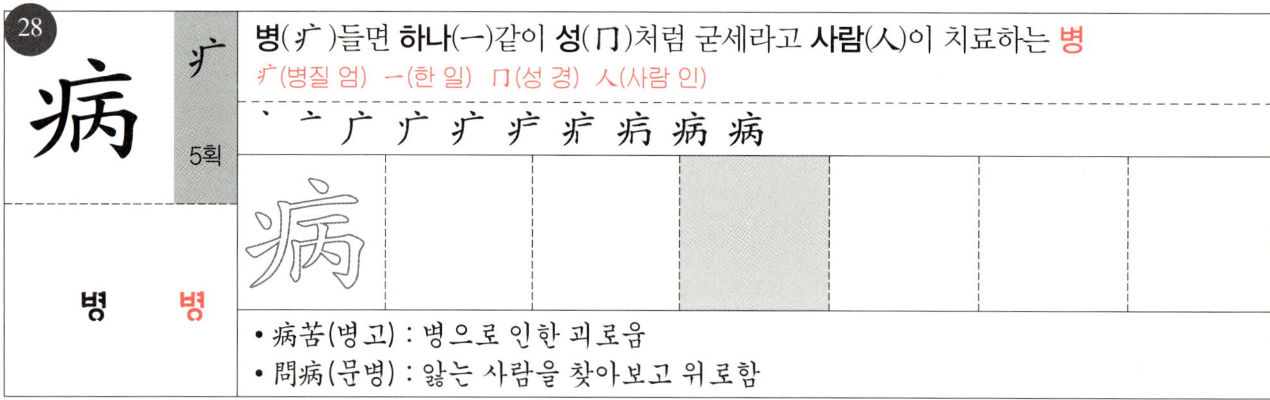

28 病 / 疒 / 5획	병(疒)들면 **하나**(一)같이 **성**(冂)처럼 굳세라고 **사람**(人)이 치료하는 병
	疒(병질 엄) 一(한 일) 冂(성 경) 人(사람 인)
	丶 一 广 广 广 疒 疒 病 病 病
병 / 병	病
	• 病苦(병고) : 병으로 인한 괴로움 • 問病(문병) : 앓는 사람을 찾아보고 위로함

자원으로 한자 알기

* 나무(   ) 껍질이나 **점칠**(卜) 때 쓰는 거북의 등처럼 투박하고 순박하니 ☞

* 분별하여(采) 밭(   ) 곡식을 **차례로** 거두니 ☞

* 입(口)에 **싸**(勹)서 먹기 좋게 **칼**(   )로 나누니 ☞

* 병(   )들면 **하나**(一)같이 **성**(冂)처럼 굳세라고 **사람**(人)이 치료하는 병 ☞

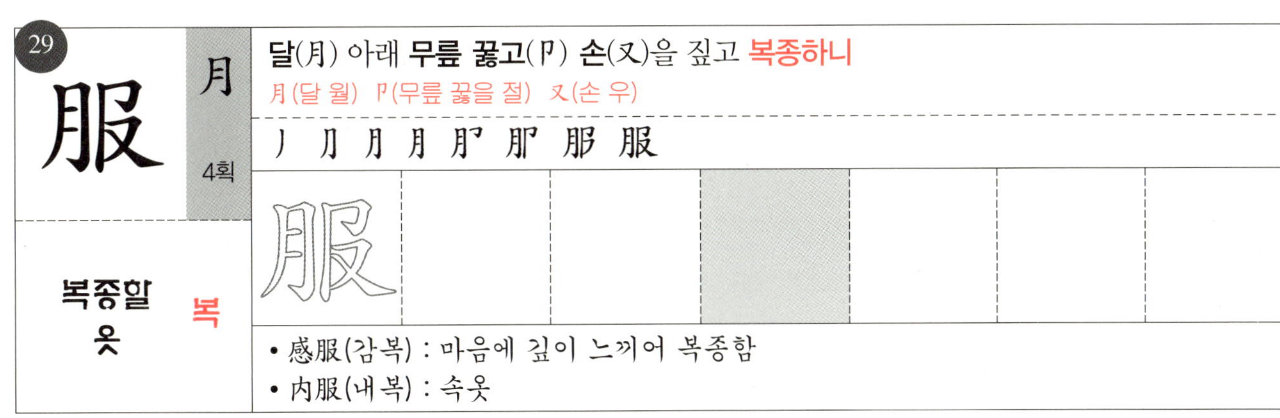

29 服 복종할 옷 복	月 4획	달(月) 아래 **무릎 꿇고**(卩) 손(又)을 짚고 **복종하니** 月(달 월) 卩(무릎 꿇을 절) 又(손 우)

丿 刀 月 月 肌 朋 服 服

服

- **感服**(감복) : 마음에 깊이 느끼어 복종함
- **內服**(내복) : 속옷

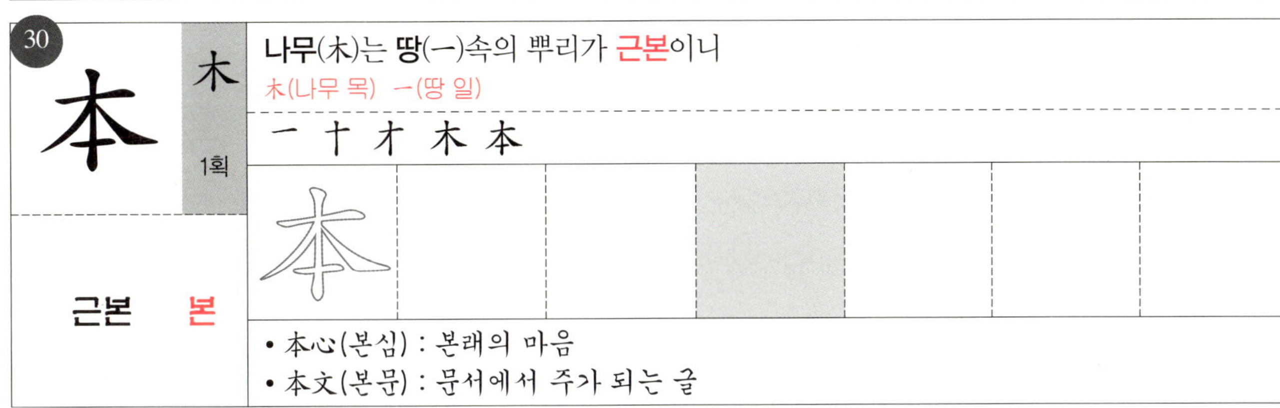

30 本 근본 본	木 1획	나무(木)는 땅(一)속의 뿌리가 **근본**이니 木(나무 목) 一(땅 일)

一 十 才 木 本

本

- **本心**(본심) : 본래의 마음
- **本文**(본문) : 문서에서 주가 되는 글

자원으로 한자 알기

＊ 달(　) 아래 **무릎 꿇고**(卩) 손(又)을 짚고 **복종하니**　☞

＊ 나무(　)는 땅(一)속의 뿌리가 **근본**이니　☞

一思多得

木	+	子	=	李(오얏 리)	나무(木)에 열린 **아들**(子)처럼 귀한 **오얏**(자두) 열매
	+	一	=	本(근본 본)	나무(木)는 땅(一)속의 뿌리가 **근본**이니

25 朴(순박할 박)　外(바깥 외) 잘 구별하세요.

　朴(순박할 박) : **나무**(木) 껍질이나 **점칠**(卜) 때 쓰는 거북의 등처럼 투박하고 **순박하니**

　外(바깥 외) : **저녁**(夕)에 별을 보고 **점치려고**(卜) **바깥**에 나가니

29 服(복종할 복, 옷 복) 쓰임에 주의하세요.

　感服(감복) : 마음에 깊이 느끼어 복종함 .... **복종할 복**

　內服(내복) : 속옷 .... **옷 복**

　服用(복용) : 약을 먹음 .... **약 먹을 복**

 다음 한자를 나누고 **자원**을 쓰면서 익히세요.

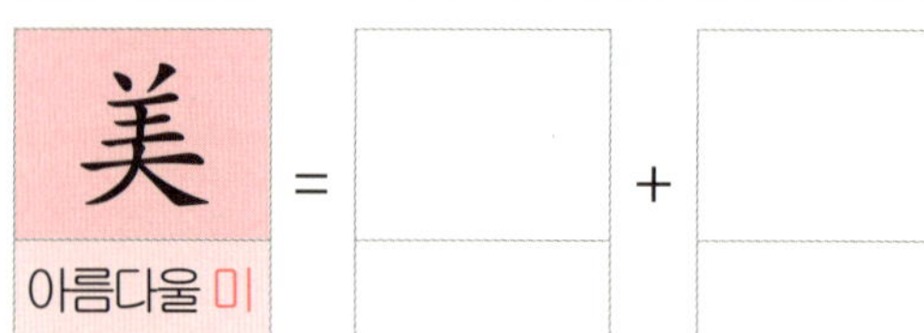

李 = ☐ + ☐
오얏 리

目 =
눈 목

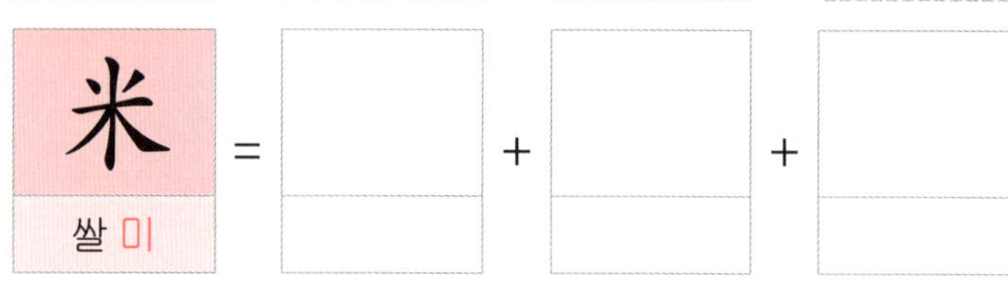

美 = ☐ + ☐
아름다울 미

米 = ☐ + ☐ + ☐
쌀 미

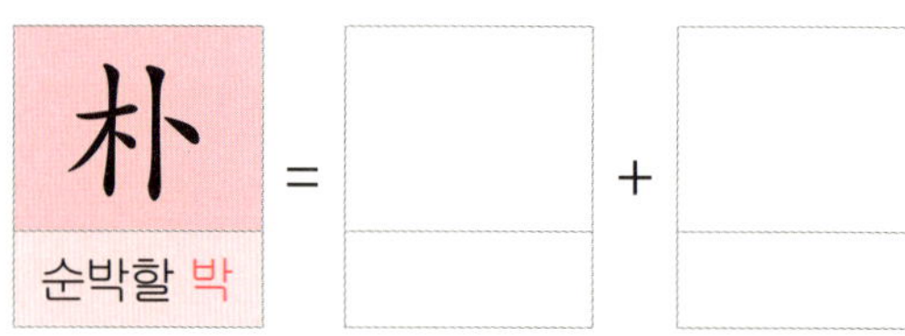

朴 = ☐ + ☐
순박할 박

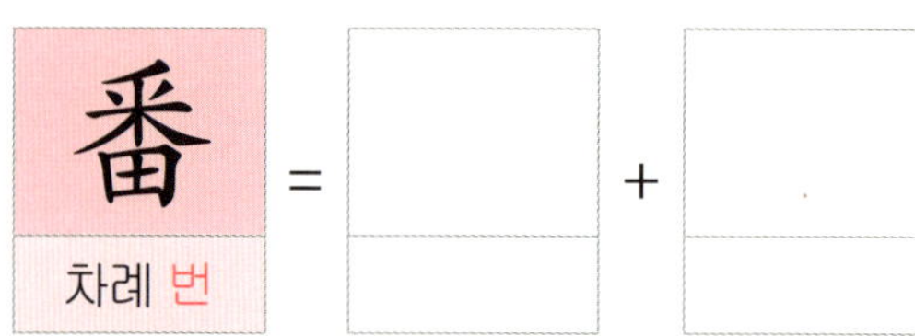

番 = ☐ + ☐
차례 번

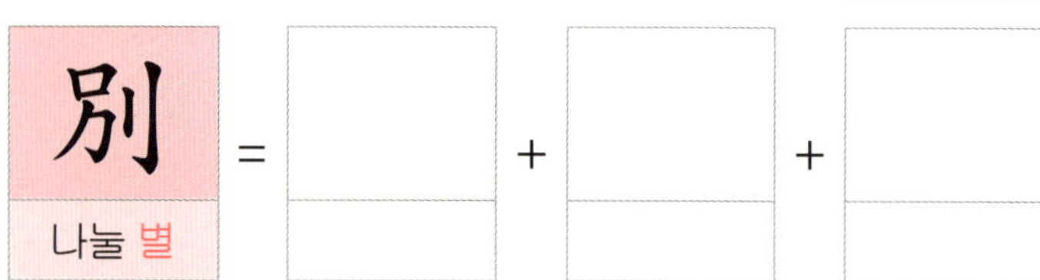

別 = ☐ + ☐ + ☐
나눌 별

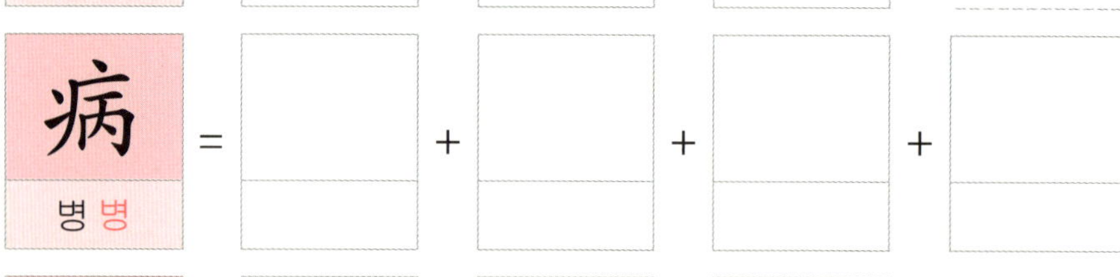

病 = ☐ + ☐ + ☐ + ☐
병 병

服 = ☐ + ☐ + ☐
복종할 복

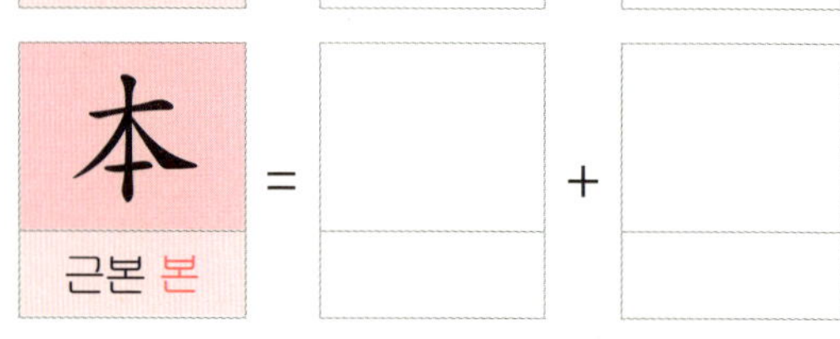

本 = ☐ + ☐
근본 본

다음 한자어의 **독음**을 쓰세요.

李 花	李 氏	目 前	目 禮
美 食	美 人	白 米	玄 米
朴 直	朴 氏	番 地	每 番
區 別	別 名	病 苦	問 病
感 服	內 服	本 心	本 文

다음 한자어를 **한자**로 쓰세요.

오얏 리 / 꽃 화	눈 목 / 앞 전	맛날 미 / 음식 식	흰 백 / 쌀 미
순박할 박 / 곧을 직	차례 번 / 땅 지	나눌 구 / 나눌 별	병 병 / 괴로울 고
느낄 감 / 복종할 복	근본 본 / 마음 심	성 이 / 성 씨	눈 목 / 예도 례
아름다울 미 / 사람 인	검을 현 / 쌀 미	성 박 / 성 씨	매양 매 / 횟수 번
다를 별 / 이름 명	물을 문 / 병 병	안 내 / 옷 복	근본 본 / 글월 문

1 봄이 되어 **李花**가 소담스럽게 피었다.

2 그는 성이 **李氏**다.

3 시험 날짜가 **目前**에 다가와서야 공부를 한다.

4 그는 가벼운 **目禮**로 인사를 대신했다.

5 내 취미는 여행지에서 즐기는 **美食**이다.

6 콧날이 서고 뺨에 살이 많은 그 얼굴은 꽤 **美人**이다.

7 **白米**와 보리쌀을 7:3 비율로 섞어 먹는 것이 가장 좋은 식단이라고 한다.

8 가족의 건강을 위해 우리 집은 밥에 **玄米**를 섞어 먹는다.

9 산골 청년 영철이의 매력은 **朴直**함이다.

10 **朴氏** 부인은 아들의 절을 받았다.

11 이 편지에는 받는 사람의 **番地**가 적혀 있지 않습니다.

12 이 책은 읽을 때마다 느낌이 **每番** 다르다.

13 요즘 옷은 남녀의 **區別**이 없는 경우가 많다.

14 우리 선생님은 화가 나면 너무 무서워서 호랑이라는 **別名**으로 불렸다.

15 오랜 **病苦**로 얼굴이 창백하고 어둡다.

16 병원에 있는 친구에게 **問病**을 다녀왔다.

17 학생들은 교육열이 강한 선생님에게 **感服**하여 열심히 공부했다.

18 **內服**까지 껴입고도 춥다고 그러니?

19 짝꿍을 좋아하는 마음을 들킬까봐 나는 **本心**을 마음속 깊이 감추었다.

20 시험 문제는 **本文**의 내용을 간략히 요약하는 것이었다.

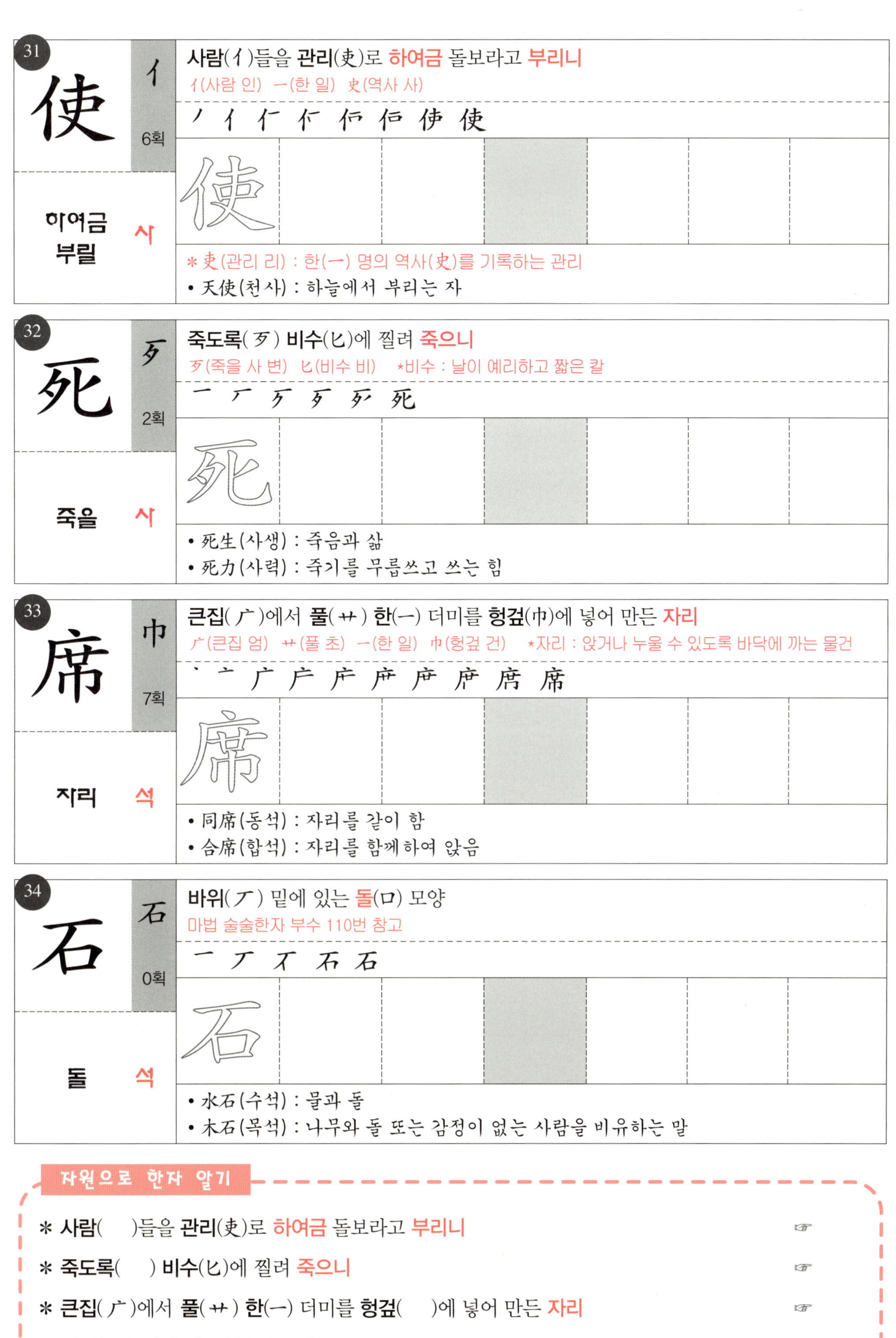

31 使	亻 / 6획	사람(亻)들을 관리(吏)로 **하여금** 돌보라고 **부리니** 亻(사람 인) 一(한 일) 吏(역사 사)

하여금
부릴　사

ノ イ 仁 仁 仨 佢 佢 使 使

*吏(관리 리) : 한(一) 명의 역사(史)를 기록하는 관리
• 天使(천사) : 하늘에서 부리는 자

32 死	歹 / 2획	죽도록(歹) 비수(匕)에 찔려 **죽으니** 歹(죽을 사 변) 匕(비수 비)　*비수 : 날이 예리하고 짧은 칼

죽을　사

一 ァ 歹 歹 死

• 死生(사생) : 죽음과 삶
• 死力(사력) : 죽기를 무릅쓰고 쓰는 힘

33 席	巾 / 7획	큰집(广)에서 풀(卄) 한(一) 더미를 헝겊(巾)에 넣어 만든 **자리** 广(큰집 엄) 卄(풀 초) 一(한 일) 巾(헝겊 건)　*자리 : 앉거나 누울 수 있도록 바닥에 까는 물건

자리　석

丶 亠 广 庁 庁 庻 庶 庻 席

• 同席(동석) : 자리를 같이 함
• 合席(합석) : 자리를 함께 하여 앉음

34 石	石 / 0획	바위(丆) 밑에 있는 **돌**(口) 모양 마법 술술한자 부수 110번 참고

돌　석

一 ァ 丆 石 石

• 水石(수석) : 물과 돌
• 木石(목석) : 나무와 돌 또는 감정이 없는 사람을 비유하는 말

자원으로 한자 알기

* **사람(　　)**들을 **관리**(吏)로 **하여금** 돌보라고 **부리니**　☞
* **죽도록(　　) 비수**(匕)에 찔려 **죽으니**　☞
* **큰집**(广)에서 **풀**(卄) **한**(一) 더미를 **헝겊(　　)**에 넣어 만든 **자리**　☞
* **바위**(丆) 밑에 있는 **돌**(口) 모양　☞

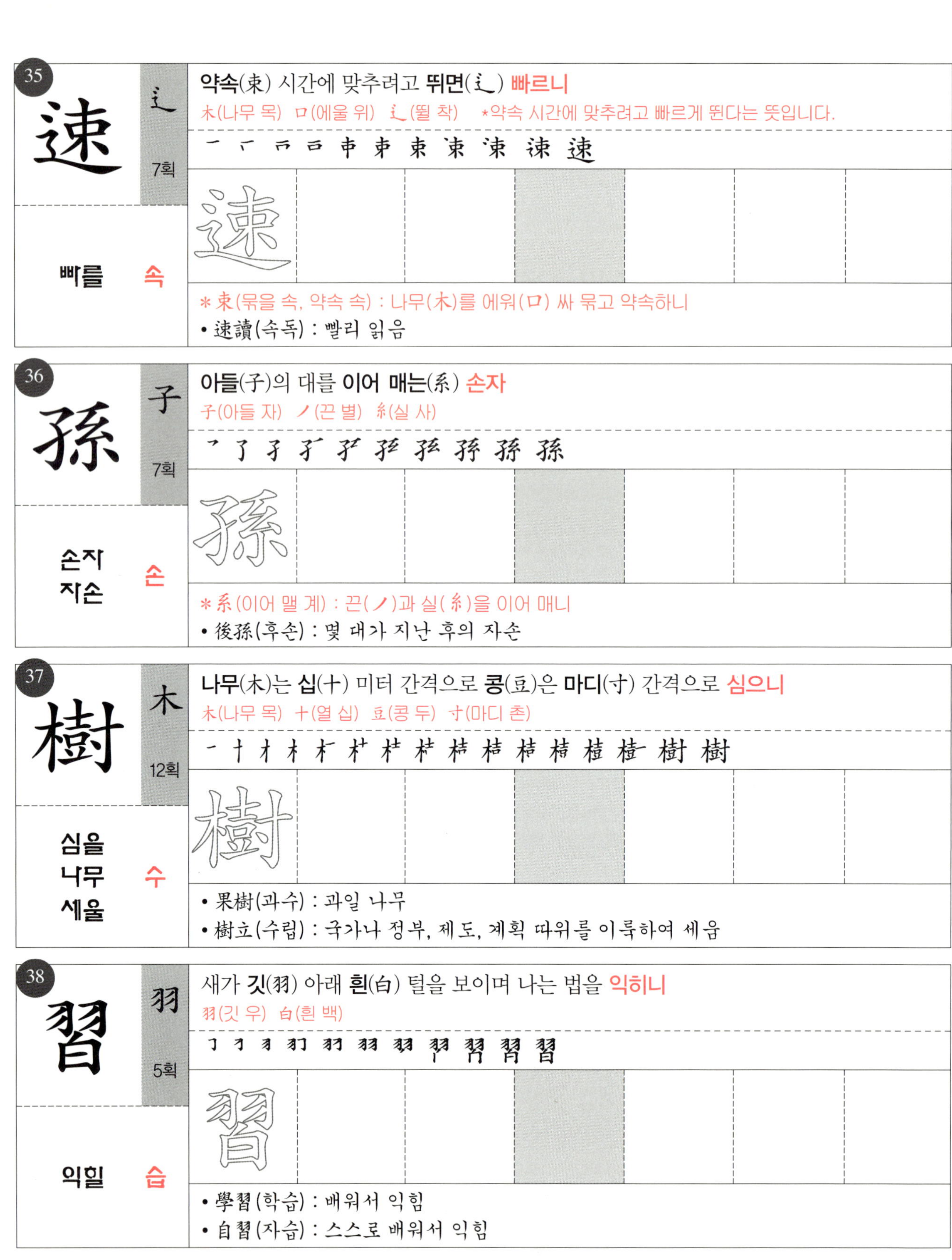

35 速 — 빠를 속 (7획)

부수: 辶

약속(束) 시간에 맞추려고 **뛰면(辶) 빠르니**

木(나무 목) 口(에울 위) 辶(뛸 착) *약속 시간에 맞추려고 빠르게 뛴다는 뜻입니다.

一 匸 冂 冃 束 束 束 涑 涑 速 速

*束(묶을 속, 약속 속) : 나무(木)를 에워(口) 싸 묶고 약속하니
• 速讀(속독) : 빨리 읽음

36 孫 — 손자 지손 손 (7획)

부수: 子

아들(子)의 대를 **이어 매는(系) 손자**

子(아들 자) ノ(끈 별) 糸(실 사)

一 了 孑 孑 孖 孫 孫 孫 孫 孫

*系(이어 맬 계) : 끈(ノ)과 실(糸)을 이어 매니
• 後孫(후손) : 몇 대가 지난 후의 자손

37 樹 — 심을 나무 세울 수 (12획)

부수: 木

나무(木)는 십(十) 미터 간격으로 콩(豆)은 **마디(寸) 간격으로 심으니**

木(나무 목) 十(열 십) 豆(콩 두) 寸(마디 촌)

一 十 オ 木 木 杧 杧 梻 梻 梻 梻 梻 樹 樹

• 果樹(과수) : 과일 나무
• 樹立(수립) : 국가나 정부, 제도, 계획 따위를 이룩하여 세움

38 習 — 익힐 습 (5획)

부수: 羽

새가 깃(羽) 아래 흰(白) 털을 보이며 나는 법을 **익히니**

羽(깃 우) 白(흰 백)

フ フ 刁 羽 羽 羽 羽 翌 習 習 習

• 學習(학습) : 배워서 익힘
• 自習(자습) : 스스로 배워서 익힘

자원으로 한자 알기

* **약속**(束) 시간에 맞추려고 **뛰면(　) 빠르니**　　☞

* **아들(　)의** 대를 **이어 매는(系) 손자**　　☞

* **나무(　)는** 십(十) 미터 간격으로 **콩(豆)은 마디(寸)** 간격으로 **심으니**　　☞

* 새가 **깃(　)** 아래 흰(白) 털을 보이며 나는 법을 **익히니**　　☞

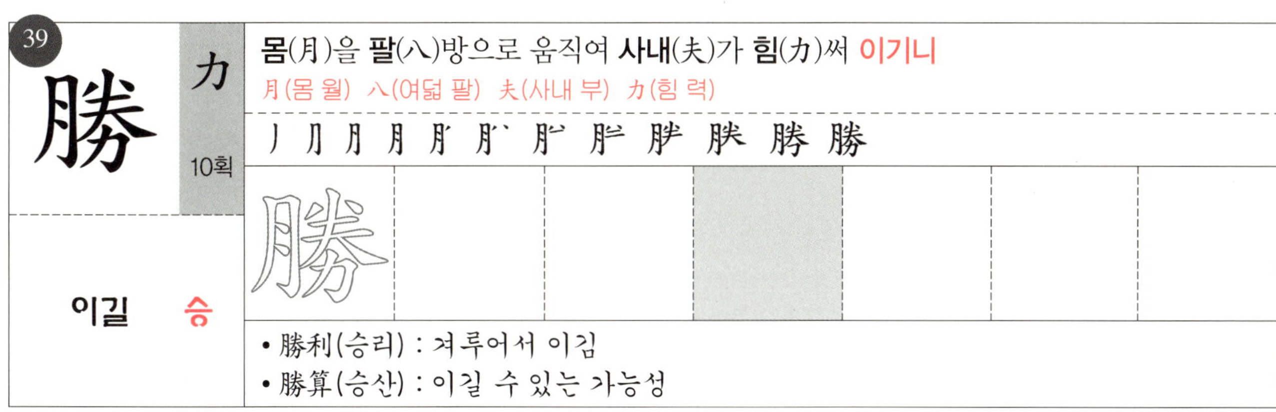

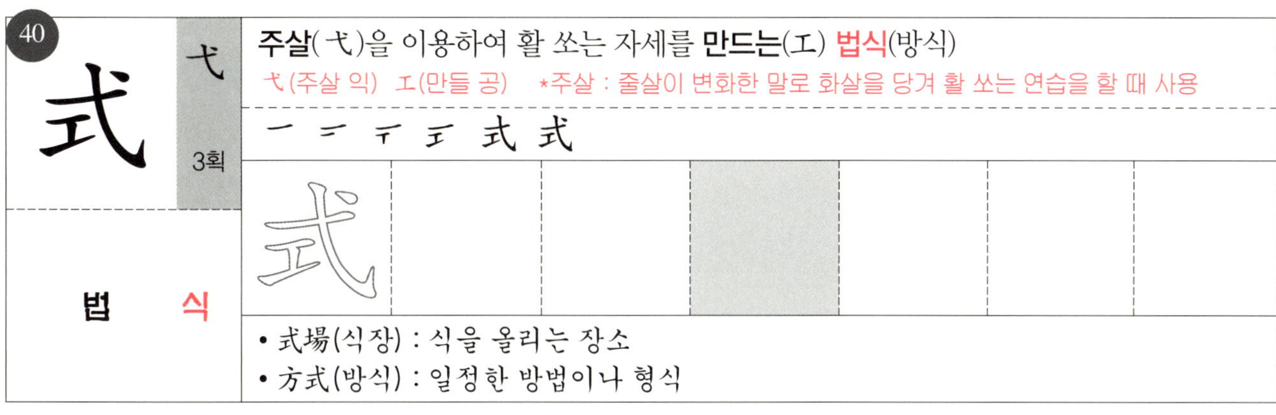

자원으로 한자 알기

* **몸(月)**을 **팔(八)**방으로 움직여 **사내(夫)**가 **힘(   )**써 **이기니** ☞

* **주살(   )**을 이용하여 활 쏘는 자세를 **만드는(工)** **법식**(방식) ☞

一思多得

| イ | + | 列 | = | 例(법식 례) | **사람(イ)**들을 **벌려(列)** 놓을 때 따지는 **법식** |
| | + | 吏 | = | 使(하여금 사) | **사람(イ)**들을 **관리(吏)**로 **하여금** 돌보라고 **부리니** |

33 席(자리 석)　度(법도 도) 잘 구별하세요.

席(자리 석) : **큰집(广)**에서 **풀(卅)** **한(一)** 더미를 **헝겊(巾)**에 넣어 만든 **자리**

度(법도 도) : **큰집(广)**에서 **풀(卅)** **한(一)** 더미를 **또(又)** 법도에 따라 **헤아리니**

34 石(돌 석)　右(오른쪽 우) 잘 구별하세요.

石(돌 석) : **바위(厂)** 밑에 있는 **돌(口)** 모양

右(오른쪽 우) : **손(ナ)** 중에 **입(口)**으로 먹을 것을 나르는 손은 **오른쪽**이니

 **다음 한자를 나누고 자원을 쓰면서 익히세요.**

使 하여금 사	=		+		
死 죽을 사	=		+		
席 자리 석	=		+		+		+	
石 돌 석	=		+		
速 빠를 속	=		+		
孫 손자 손	=		+		
樹 심을 수	=		+		+		+	
習 익힐 습	=		+		
勝 이길 승	=		+		+		+	
式 법 식	=		+		

다음 한자어의 **독음**을 쓰세요.

天 使	死 生	死 力	同 席
合 席	水 石	木 石	速 讀
後 孫	果 樹	樹 立	學 習
自 習	勝 利	勝 算	式 場
方 式			

다음 한자어를 **한자**로 쓰세요.

하늘 천	부릴 사	죽을 사	살 생	같을 동	자리 석	물 수	돌 석
빠를 속	읽을 독	뒤 후	자손 손	열매 과	나무 수	배울 학	익힐 습
이길 승	이로울 리	의식 식	마당 장	죽을 사	힘 력	합할 합	자리 석
나무 목	돌 석	세울 수	세울 립	스스로 자	익힐 습	이길 승	셈 산
방법 방	격식 식						

예문으로 **한자어** 익히기(한자로 쓰인 단어의 뜻을 써보세요.)

1 그 사람은 주위 사람들이 **天使**라고 부른다.

2 국민의 **死生**이 달린 중대한 사건이다.

3 기말시험을 위해 **死力**을 다해 공부했다.

4 어떤 모임에도 그는 항상 아내와 **同席**한다.

5 자리가 없어 그들은 **合席**하게 되었다.

6 시냇물은 절벽 밑을 흐르기 때문에 언제 보아도 **水石**은 아름다웠다.

7 그는 아무리 예쁜 여자도 거들떠보지 않는 **木石**이다.

8 책이 너무 두꺼워서 도서관 닫을 시간까지 **速讀**을 했는데도 다 읽지 못했다.

9 깨끗한 자연을 **後孫**에게 물려주자.

10 정원에 **果樹**를 심었다.

11 새 정부를 **樹立**하였다.

12 한국 부모는 아이들 **學習**에 도움이 되는 일이라면 돈을 아끼지 않는다.

13 선생님은 학생들에게 **自習**을 시키고 교탁 옆에 앉아 있었다.

14 경기는 우리 팀의 **勝利**로 끝났다.

15 현재로선 우리 팀의 **勝算**이 높다.

16 축하객들이 **式場**을 가득 메웠다.

17 문제를 푸는 **方式**이 틀려서 답이 안 나온다.

41 失	大 2획 잘못할 잃을 실	사람(亻)을 크게(大) 잘못하여 잃으니 亻(사람 인) 大(큰 대) *矢(화살 시)와 잘 구별하세요.

41 失 大 2획 / 잘못할 잃을 **실**

사람(亻)을 크게(大) 잘못하여 잃으니
亻(사람 인) 大(큰 대) *矢(화살 시)와 잘 구별하세요.

丿 亠 二 牛 失

- 失言(실언) : 실수로 말을 잘못 함
- 失禮(실례) : 예의에 벗어남

42 愛 心 9획 / 사랑 즐길 **애**

손(爫)을 덮어(冖) 잡으니 마음(心)에서 천천히(夊) 일어나는 사랑
爫(손톱 조) 冖(덮을 멱) 心(마음 심) 夊(천천히 걸을 쇠)

- 愛人(애인) : 사랑하는 사람
- 愛用(애용) : 즐겨 씀

43 夜 夕 5획 / 밤 **야**

머리(亠)에 갓 쓴 사람(亻)들이 저녁(夕)이 되어 모임을 파하는(乀) 밤
亠(머리 두) 亻(사람 인) 夕(저녁 석) 乀(파임 불) *사람들이 밤이 되어 모임을 끝낸다는 뜻입니다.

丶 亠 广 疒 疒 夜 夜 夜

- 夜光(야광) : 밤에 빛을 냄
- 夜食(야식) : 밤에 먹는 음식

44 野 里 4획 / 들 **야**

마을(里)에 이로움을 주는(予) 들
里(마을 리) 矛(창 모) 丿(끈 별) *들 : 논이나 밭으로 되어 있는 넓은 땅

丶 口 曰 日 旦 甲 里 里 野 野 野

*予(나 여, 줄 여) : 창(矛)에서 끈(丿)을 떼어 나에게 줄래?
- 野生(야생) : 산이나 들에 저절로 나서 자람

* 사람(亻)을 크게(   ) 잘못하여 잃으니
* 손(爫)을 덮어(冖) 잡으니 마음(   )에서 천천히(夊) 일어나는 사랑
* 머리(亠)에 갓 쓴 사람(亻)들이 저녁(   )이 되어 모임을 파하는(乀) 밤
* 마을(   )에 이로움을 주는(予) 들

| 45 | 氵 | 물(氵)이 **양**(羊) 떼처럼 출렁이는 **큰 바다** |
| | | 氵(물 수) 羊(양 양) |

洋

6획

큰 바다
서양 **양**

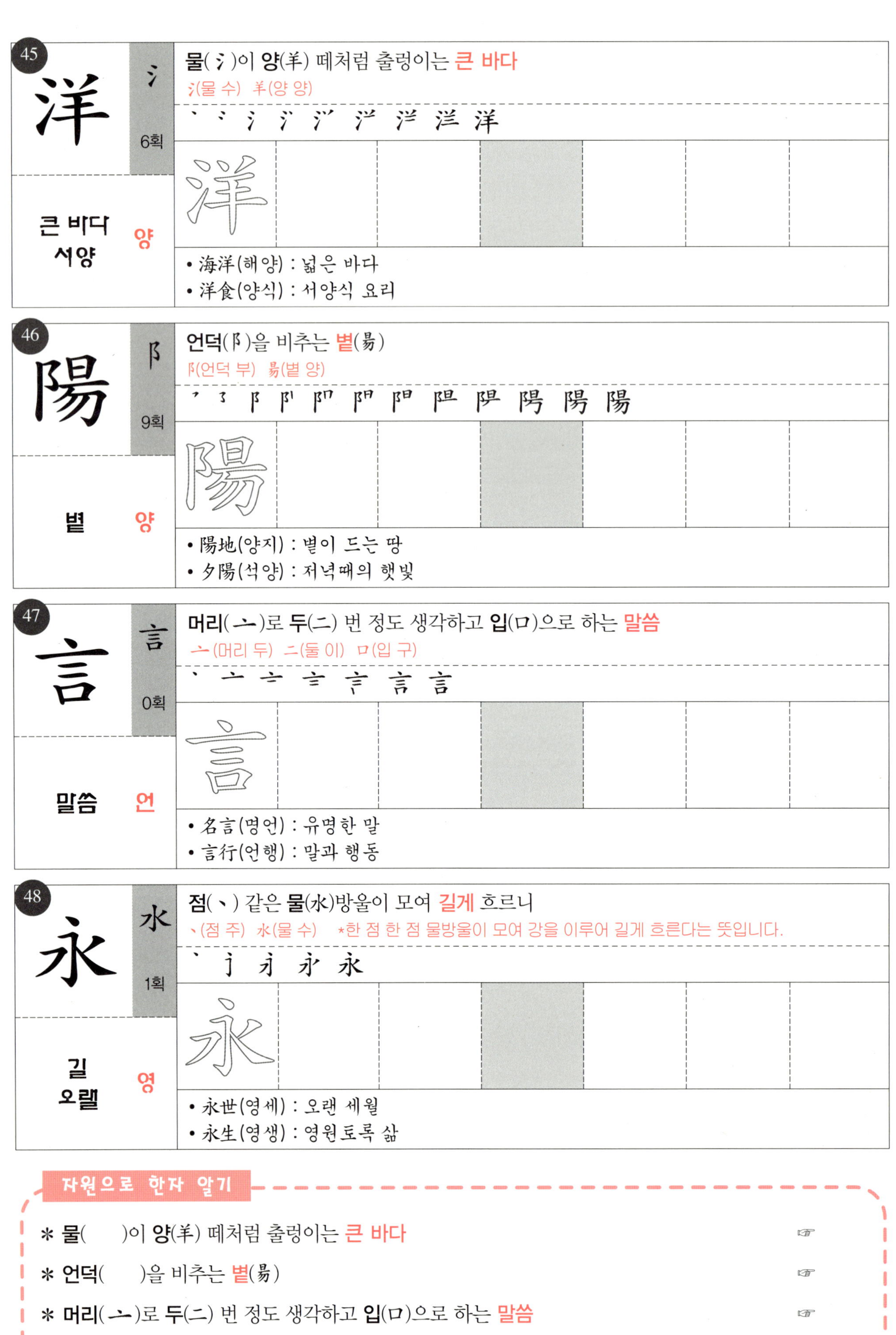

丶 丶 氵 氵 氵 氵 沣 洋 洋

• 海洋(해양) : 넓은 바다
• 洋食(양식) : 서양식 요리

| 46 | 阝 | 언덕(阝)을 비추는 **볕**(昜) |
| | | 阝(언덕 부) 昜(볕 양) |

陽

9획

볕 **양**

ʼ ʐ 阝 阝 阝 阝 阸 阸 陧 陽 陽 陽

• 陽地(양지) : 볕이 드는 땅
• 夕陽(석양) : 저녁때의 햇빛

| 47 | 言 | 머리(亠)로 두(二) 번 정도 생각하고 **입**(口)으로 하는 **말씀** |
| | | 亠(머리 두) 二(둘 이) 口(입 구) |

言

0획

말씀 **언**

丶 一 亠 三 言 言 言

• 名言(명언) : 유명한 말
• 言行(언행) : 말과 행동

| 48 | 水 | 점(丶) 같은 **물**(水)방울이 모여 **길게** 흐르니 |
| | | 丶(점 주) 水(물 수) *한 점 한 점 물방울이 모여 강을 이루어 길게 흐른다는 뜻입니다. |

永

1획

길
오랠 **영**

丶 丁 邝 永 永

• 永世(영세) : 오랜 세월
• 永生(영생) : 영원토록 삶

자원으로 한자 알기

✳ **물**(   )이 **양**(羊) 떼처럼 출렁이는 **큰 바다**　　☞

✳ **언덕**(   )을 비추는 **볕**(昜)　　☞

✳ **머리**(亠)로 두(二) 번 정도 생각하고 **입**(口)으로 하는 **말씀**　　☞

✳ **점**(丶) 같은 **물**(   )방울이 모여 **길게** 흐르니　　☞

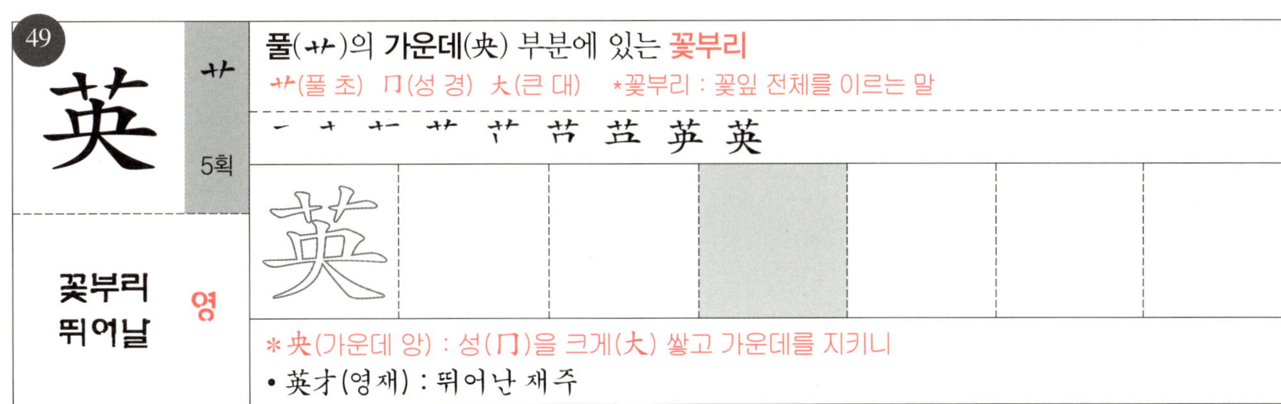

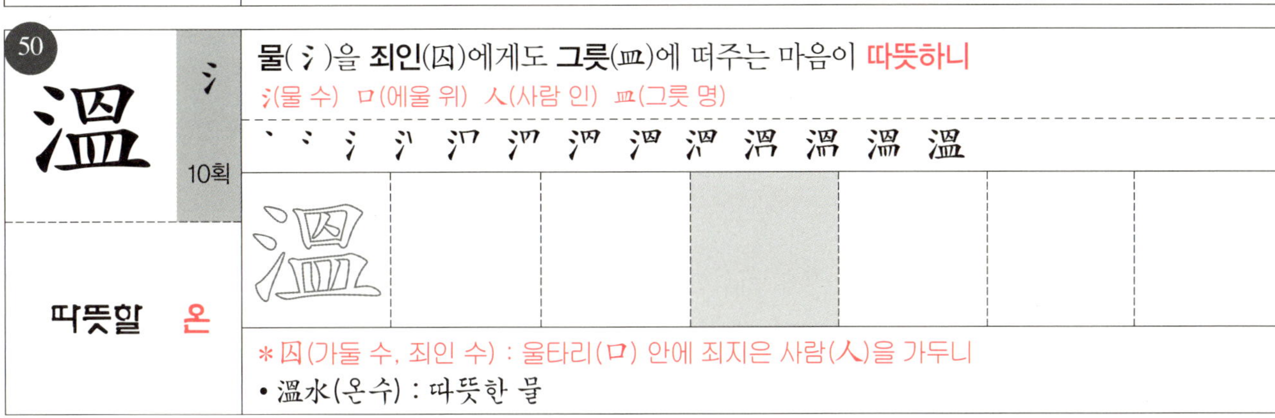

---

* 풀(   )의 **가운데(央)** 부분에 있는 **꽃부리** ☞

* 물(   )을 **죄인(囚)**에게도 **그릇(皿)**에 떠주는 마음이 **따뜻하니** ☞

一思多得

| 土 | + | | = | 場(마당 장) | 땅(土)에 **볕(昜)**이 잘 드는 곳은 **마당**이니 |
| 阝 | + | 昜 | = | 陽(볕 양) | 언덕(阝)을 비추는 **볕(昜)** |

	+	樂	=	藥(약 약)	풀(艹) 중에 환자가 **좋아하는(樂)** 약초
艹	+	古	=	苦(쓸 고)	풀(艹)이 **오래(古)** 되면 **쓰니**
	+	央	=	英(꽃부리 영)	풀(艹)의 **가운데(央)** 부분에 있는 **꽃부리**

 다음 한자를 나누고 **자원**을 쓰면서 익히세요.

失 잃을 실 = [ ] + [ ]

愛 사랑 애 = [ ] + [ ] + [ ] + [ ]

夜 밤 야 = [ ] + [ ] + [ ] + [ ]

野 들 야 = [ ] + [ ]

洋 큰 바다 양 = [ ] + [ ]

陽 볕 양 = [ ] + [ ]

言 말씀 언 = [ ] + [ ] + [ ]

永 길 영 = [ ] + [ ]

英 꽃부리 영 = [ ] + [ ]

溫 따뜻할 온 = [ ] + [ ] + [ ]

失 言	失 禮	愛 人	愛 用
夜 光	夜 食	野 生	海 洋
洋 食	陽 地	夕 陽	名 言
言 行	永 世	永 生	英 才
溫 水			

잘못할 실 말씀 언	사랑 애 사람 인	밤 야 빛 광	들 야 살 생
바다 해 큰 바다 양	볕 양 땅 지	이름날 명 말씀 언	오랠 영 세대 세
뛰어날 영 재주 재	따뜻할 온 물 수	잘못할 실 예도 례	즐길 애 쓸 용
밤 야 먹을 식	서양 양 음식 식	저녁 석 볕 양	말씀 언 행할 행
오랠 영 살 생			

1 분위기 파악 못하고 **失言**하다.

2 **失禮**지만 길 좀 물읍시다.

3 친한 친구가 **愛人**이 될 수도 있다.

4 국산품을 **愛用**하자.

5 창밖으로 **夜光** 도로 표지판이 차의 불빛을 받아 번쩍거리고 있다.

6 엄마는 밤늦게 공부하는 아이에게 배고플 때 먹으라고 **夜食**을 마련해 주었다.

7 온실 속에서 자라는 화초보다 **野生**으로 자라는 들꽃이 더 좋다.

8 선박들의 사고로 **海洋** 오염이 심각해지고 있다.

9 한식과 **洋食**을 결합하여 새로운 요리를 만들었다.

10 **陽地**에는 벌써 눈이 다 녹았다.

11 하늘에 붉은 **夕陽**이 아름답게 노을 졌다.

12 좋은 글귀나 **名言**을 공책에 적는다.

13 생각이 깊고 **言行**이 바르다.

14 사람은 누구나 **永世**토록 건강과 부귀를 누리고 싶어 한다.

15 불로초를 먹고 **永生**을 누리다.

16 **英才**들의 조기 입학을 허가하다.

17 보일러가 고장이 나서 **溫水**가 나오지 않는다.

1. 다(咸) 마음(　　)으로 느끼니　　☞

2. 크게(弘) 벌레(虫)가 주는 피해는 강하니　　☞

3. 문(　　) 하나(一)를 두 손으로 잡고(廾) 여니　　☞

4. 높은(亯) 곳에 작은(小) 집이 많은 서울　　☞

5. 많은(十) 입(　　)을 통해 전해오는 오래된 옛 일　　☞

6. 풀(　　)이 오래(古)되면 쓰니　　☞

7. 머리(　　)로 생각해 보고 아버지(父)는 사람을 사귀니　　☞

8. 상자(　　)에 물건(品)을 넣어 구분하니　　☞

9. 임금(君)의 명을 받아 다스리는 고을(　　)　　☞

10. 나무(　　)가 제자리에 그쳐(艮) 있는 것은 뿌리 때문이니　　☞

11. 도끼(斤)를 들고 뛰어(　　) 가까이 가니　　☞

12. 실(　　)의 품질이 어디까지 미치느냐(及) 따지는 등급　　☞

13. 저녁(　　)과 저녁(夕)이 겹쳐 날짜가 쌓여 많으니　　☞

14. 걸어가(　　) 관청(寺)에서 차례를 기다리니　　☞

15. 큰집(　　)에서 풀(艹) 한(一) 더미를 또(又) 법도에 따라 헤아리니　　☞

16. 콩(효)처럼 둥글둥글한 머리(　　)　　☞

17. 사람(　　)들을 벌려(列) 놓을 때 따지는 법식　　☞

18. 신(　　)에게 풍성하게(豊) 제물을 바치고 갖추는 예의　　☞

19. 발(　　)로 각각(各) 걸어 다닐 수 있도록 만든 길　　☞

20. 실(　　)로 무늬를 새겨(彖) 푸르니　　☞

21. 나무(　　)에 열린 아들(子)처럼 귀한 오얏(자두) 열매　　☞

22. 눈의 모양　　☞

23. 양(　　)은 커야(大) 살져서 맛나고 아름다우니　　☞

24. 농부의 손길이 팔(丷) 십(十) 팔(八) 번 가야 나오는 쌀　　☞

25. 나무(　　) 껍질이나 점칠(卜) 때 쓰는 거북의 등처럼 투박하고 순박하니　　☞

26. 분별하여(采) 밭(　) 곡식을 **차례로** 거두니　☞

27. 입(口)에 싸(勹)서 먹기 좋게 칼(　)로 **나누니**　☞

28. 병(　)들면 하나(一)같이 성(冂)처럼 굳세라고 **사람**(人)이 치료하는 **병**　☞

29. 달(　) 아래 **무릎 꿇고**(卩) **손**(又)을 짚고 **복종하니**　☞

30. 나무(　)는 땅(一)속의 뿌리가 **근본**이니　☞

31. 사람(　)들을 관리(吏)로 **하여금** 돌보라고 **부리니**　☞

32. 죽도록(　) 비수(匕)에 찔려 **죽으니**　☞

33. 큰집(广)에서 풀(艹) 한(一) 더미를 헝겊(　)에 넣어 만든 **자리**　☞

34. 바위(厂) 밑에 있는 **돌**(口) 모양　☞

35. 약속(束) 시간에 맞추려고 **뛰면**(　) **빠르니**　☞

36. 아들(　)의 대를 **이어 매는**(系) **손자**　☞

37. 나무(　)는 십(十) 미터 간격으로 **콩**(豆)은 **마디**(寸) 간격으로 **심으니**　☞

38. 새가 깃(　) 아래 **흰**(白) 털을 보이며 나는 법을 **익히니**　☞

39. 몸(月)을 팔(八)방으로 움직여 **사내**(夫)가 **힘**(　)써 **이기니**　☞

40. 주살(　)을 이용하여 활 쏘는 자세를 **만드는**(工) **법식**(방식)　☞

41. 사람(人)을 크게(　) **잘못하여 잃으니**　☞

42. 손(爫)을 덮어(冖) 잡으니 **마음**(　)에서 **천천히**(夂) 일어나는 **사랑**　☞

43. 머리(亠)에 갓 쓴 **사람**(亻)들이 **저녁**(　)이 되어 모임을 **파하는**(乀) **밤**　☞

44. 마을(　)에 이로움을 주는(予) **들**　☞

45. 물(　)이 양(羊) 떼처럼 출렁이는 **큰 바다**　☞

46. 언덕(　)을 비추는 **볕**(昜)　☞

47. 머리(亠)로 두(二) 번 정도 생각하고 입(口)으로 하는 **말씀**　☞

48. 점(丶) 같은 물(　)방울이 모여 **길게** 흐르니　☞

49. 풀(　)의 가운데(央) 부분에 있는 **꽃부리**　☞

50. 물(　)을 죄인(囚)에게도 그릇(皿)에 떠주는 마음이 **따뜻하니**　☞

感	強	開	京	古	苦	交
區	郡	根	近	級	多	待
度	頭	例		禮	路	綠
李	目				美	米
朴						番
別	病				服	本
使	死	席		石	速	孫
樹	習	勝	式	失	愛	夜
野	洋	陽	言	永	英	溫

6급 1~50번 형성평가

느낄 감	강할 강	열 개	서울 경	예 고	쓸 고	사귈 교
구분할 구	고을 군	뿌리 근	가까울 근	등급 급	많을 다	기다릴 대
법도 도	머리 두	법식 례		예도 례	길 로	푸를 록
오얏 리	눈 목				아름다울 미	쌀 미
성 박						차례 번
나눌 별	병 병				옷 복	근본 본
하여금 사	죽을 사	자리 석		돌 석	빠를 속	손자 손
나무 수	익힐 습	이길 승	법 식	잃을 실	사랑 애	밤 야
들 야	큰 바다 양	볕 양	말씀 언	길 영	꽃부리 영	따뜻할 온

6급 1-50번 형성평가

51 園

口

10획

동산 / 원

울타리(囗)를 옷을 챙겨(袁) 싸듯 친 **동산**

囗(에울 위) 一(한 일) 衣(옷 의) 口(사람 구)

丨 冂 冂 冋 冏 閗 閗 周 周 厚 周 園 園 園

*袁(옷 챙길 원) : 한(一) 벌씩 옷(衣)을 식구(口) 수대로 챙기니
• 田園(전원) : 논밭과 동산 또는 시골을 이르는 말

---

52 遠

辶

10획

멀 / 원

옷을 챙겨(袁) 뛰어(辶)갈 정도로 **머니**

袁(옷 챙길 원) 辶(뛸 착) *옷을 챙겨 갈 정도로 멀다는 뜻입니다.

一 十 土 出 吉 吉 声 声 声 袁 袁 遠 遠 遠

• 永遠(영원) : 끝없이 오래 지속되는 일
• 遠洋(원양) : 육지에서 멀리 떨어진 큰 바다

---

53 由

田

0획

까닭
말미암을 / 유

말(曰)을 위로 뚫어(丨) **까닭**을 물으니

曰(말할 왈) 丨(뚫을 곤) *말미암다 : 어떤 현상이나 사물 따위가 원인이나 이유가 되다.

丨 冂 日 由 由

• 事由(사유) : 일의 까닭
• 由來(유래) : 사물이나 일이 생겨남

---

54 油

氵

5획

기름 / 유

물(氵)처럼 열매를 짬으로 **말미암아(由)** 나오는 **기름**

氵(물 수) 由(말미암을 유) *콩이나 깨 같은 열매를 짜서 기름을 얻죠?

丶 丶 氵 沪 沪 油 油

• 豆油(두유) : 콩에서 짜낸 기름
• 石油(석유) : 천연으로 지하에서 나오는 기름

자원으로 한자 알기

* 울타리(   )를 옷을 챙겨(袁) 싸듯 친 **동산**　☞

* 옷을 챙겨(袁) 뛰어(   )갈 정도로 **머니**　☞

* 말(曰)을 위로 뚫어(丨) **까닭**을 물으니　☞

* 물(   )처럼 열매를 짬으로 **말미암아(由)** 나오는 **기름**　☞

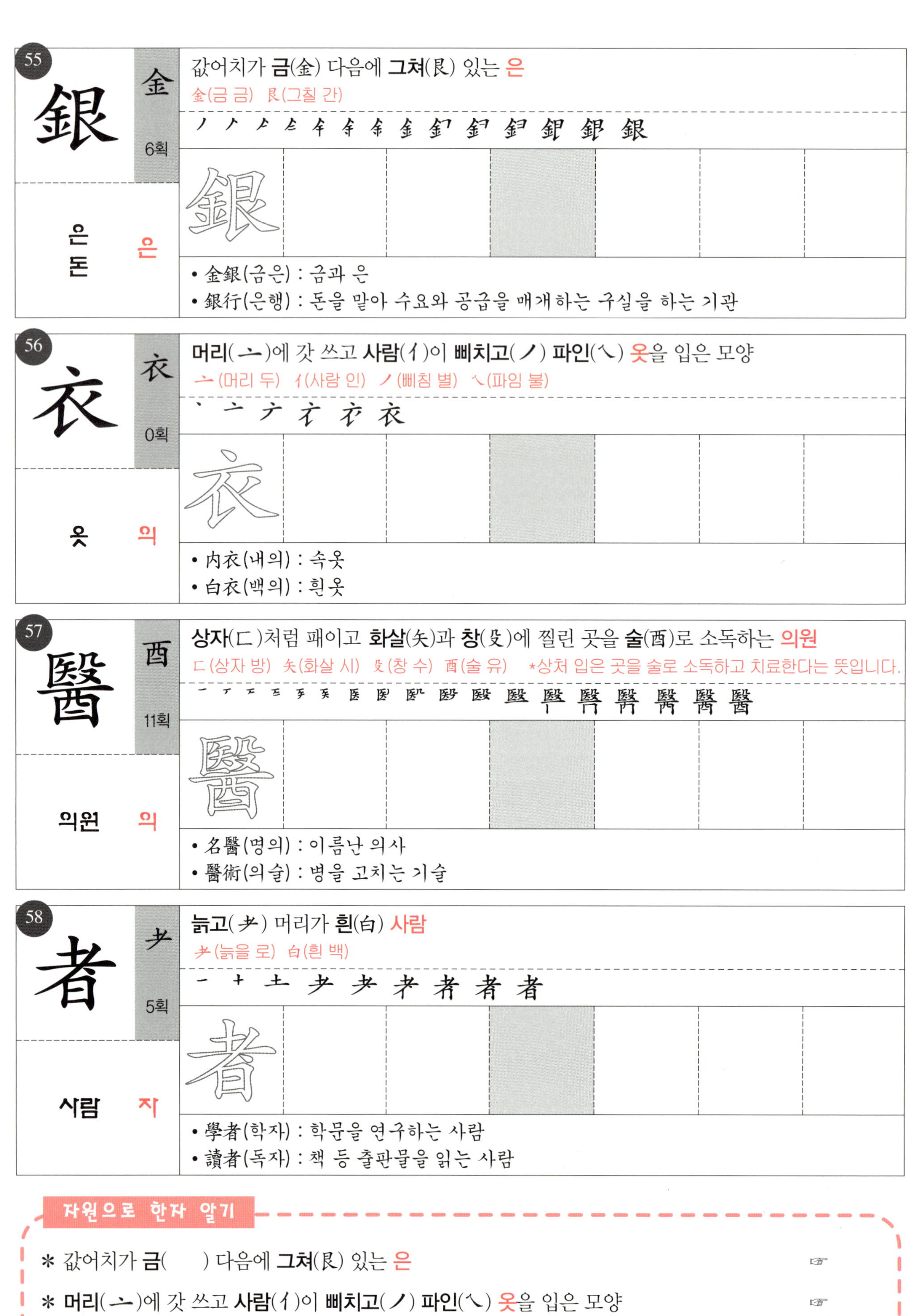

| 55 銀 | 金 6획 | 값어치가 **금**(金) 다음에 **그쳐**(艮) 있는 은
金(금 금) 艮(그칠 간) |
| 은 돈 | 은 | ノノ𠂆𠂇𠂇𠂇𠂇金金金金針鉬銀銀 |

- 金銀(금은) : 금과 은
- 銀行(은행) : 돈을 맡아 수요와 공급을 매개하는 구실을 하는 기관

| 56 衣 | 衣 0획 | **머리**(亠)에 갓 쓰고 **사람**(亻)이 **삐치고**(ノ) **파인**(乀) 옷을 입은 모양
亠(머리 두) 亻(사람 인) ノ(삐침 별) 乀(파임 불) |
| 옷 | 의 | 丶一ナ亇衣衣 |

- 内衣(내의) : 속옷
- 白衣(백의) : 흰옷

| 57 醫 | 酉 11획 | **상자**(匚)처럼 패이고 **화살**(矢)과 **창**(殳)에 찔린 곳을 **술**(酉)로 소독하는 의원
匚(상자 방) 矢(화살 시) 殳(창 수) 酉(술 유) *상처 입은 곳을 술로 소독하고 치료한다는 뜻입니다. |
| 의원 | 의 | 一𠃌𠃊𠃊医医医殹殹殹殹醫醫醫醫醫醫 |

- 名醫(명의) : 이름난 의사
- 醫術(의술) : 병을 고치는 기술

| 58 者 | 耂 5획 | **늙고**(耂) 머리가 **흰**(白) 사람
耂(늙을 로) 白(흰 백) |
| 사람 | 자 | 一十土耂耂者者者 |

- 學者(학자) : 학문을 연구하는 사람
- 讀者(독자) : 책 등 출판물을 읽는 사람

자원으로 한자 알기

✽ 값어치가 **금**(   ) 다음에 **그쳐**(艮) 있는 은 ☞

✽ **머리**(亠)에 갓 쓰고 **사람**(亻)이 **삐치고**(ノ) **파인**(乀) 옷을 입은 모양 ☞

✽ **상자**(匚)처럼 패이고 **화살**(矢)과 **창**(殳)에 찔린 곳을 **술**(   )로 소독하는 의원 ☞

✽ **늙고**(   ) 머리가 **흰**(白) 사람 ☞

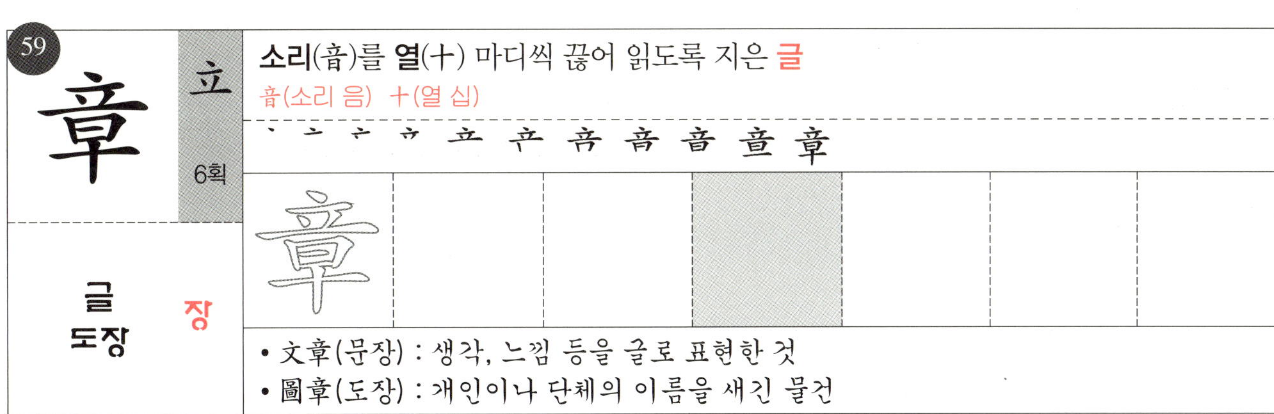

59 章 글 도장 **장**	立 6획	**소리**(音)를 **열**(十) 마디씩 끊어 읽도록 지은 **글** 音(소리 음) 十(열 십) `ㆍ ㆍ ㆍ ㆍ 立 产 音 音 音 童 章`

•文章(문장) : 생각, 느낌 등을 글로 표현한 것
•圖章(도장) : 개인이나 단체의 이름을 새긴 물건

60 在 있을 **재**	土 3획	**하나**(一)같이 **사람**(亻)들이 **땅**(土)에 **있으니** 一(한 일) 亻(사람 인) 土(땅 토) *사람들은 하나같이 땅에서 살아간다는 뜻입니다. `一 ナ 才 才 右 在 在`

•現在(현재) : 지금의 시간
•在學(재학) : 학교에 적을 두고 공부함

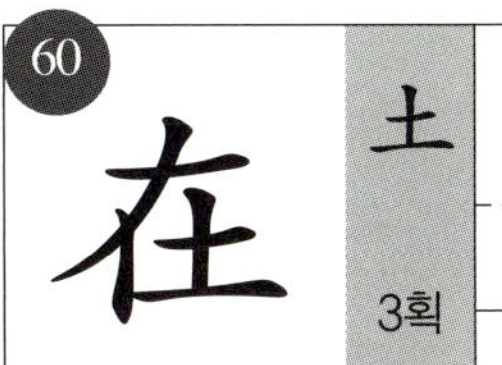

자원으로 한자 알기

* **소리**(音)를 **열**(十) 마디씩 끊어 읽도록 지은 **글**   ☞

* **하나**(一)같이 **사람**(亻)들이 **땅**(   )에 **있으니**   ☞

一思多得

氵	+ 主	=	注(부을 주)	물(氵)을 주(主)로 **부으니**
	+ 靑	=	淸(맑을 청)	물(氵)이 푸른(靑)빛이 날 정도로 **맑고 깨끗하니**
	+ 羊	=	洋(큰 바다 양)	물(氵)이 양(羊) 떼처럼 출렁이는 **큰 바다**
	+ 由	=	油(기름 유)	물(氵)처럼 열매를 짬으로 **말미암아**(由) 나오는 **기름**

木 +	艮	=	根(뿌리 근)	**나무**(木)가 제자리에 **그쳐**(艮) 있는 것은 **뿌리** 때문이니
金 +		=	銀(은 은)	값어치가 **금**(金) 다음에 **그쳐**(艮) 있는 **은**

音	+ 心	=	意(뜻 의)	**소리**(音)쳐 **마음**(心)의 **뜻**을 전하니
	+ 十	=	章(글 장)	**소리**(音)를 **열**(十) 마디씩 끊어 읽도록 지은 **글**

 **다음 한자를 나누고 자원을 쓰면서 익히세요.**

한자					
園 동산 원	=	□	+	□	
遠 멀 원	=	□	+	□	
由 까닭 유	=	□	+	□	
油 기름 유	=	□	+	□	
銀 은 은	=	□	+	□	
衣 옷 의	=	□	+	□	+ □ + □
醫 의원 의	=	□	+	□	+ □ + □
者 사람 자	=	□	+	□	
章 글 장	=	□	+	□	
在 있을 재	=	□	+	□	+ □

 다음 한자어의 **독음**을 쓰세요.

田	園	永	遠	遠	洋	事	由
由	來	豆	油	石	油	金	銀
銀	行	內	衣	白	衣	名	醫
醫	術	學	者	讀	者	文	章
圖	章	現	在	在	學		

 다음 한자어를 **한자**로 쓰세요.

밭 전	동산 원	오랠 영	멀 원	일 사	까닭 유	콩 두	기름 유
금 금	은 은	안 내	옷 의	이름날 명	의원 의	배울 학	사람 자
글월 문	글 장	지금 현	있을 재	멀 원	큰 바다 양	말미암을 유	올 래
돌 석	기름 유	돈 은	가게 행	흰 백	옷 의	의원 의	재주 술
읽을 독	사람 자	도장 도	도장 장	있을 재	학교 학		

1. 한가로운 **田園** 풍경을 바라보니 마음이 편안하다.

2. 그의 이름은 역사에 **永遠**히 기록될 것이다.

3. **遠洋**에 나가 고기를 잡고 무사히 돌아오기를 기도한다.

4. 학생에게 지각한 **事由**를 물었다.

5. 면화는 중국에서 **由來**되었다.

6. 프라이팬에 **豆油**를 두르다.

7. **石油** 값이 나날이 올라가고 있다.

8. **金銀** 보화로 몸을 장식했다.

9. 십년동안 용돈을 모아 **銀行**에 저축하였다.

10. **內衣** 몇 벌과 세면도구를 챙겨 여행을 떠났다.

11. 우리 민족을 흰 옷을 즐겨 입어서 **白衣**민족이라고 한다.

12. 진정한 **名醫**는 병이 나기 전에 치료하는 사람이다.

13. 현대에는 **醫術**이 발달하여 웬만한 병은 다 고칠 수 있다.

14. 그는 물리학 분야에서 세계적으로 이름 있는 **學者**이다.

15. **讀者**와 작가가 만나는 모임이 열렸다.

16. **文章**이 길면 이해하기가 어렵다.

17. **圖章**을 새기다.

18. **現在** 점수 상황은 동점이어서 결과를 예측하기 힘들다.

19. 초등학교에 **在學**중이다.

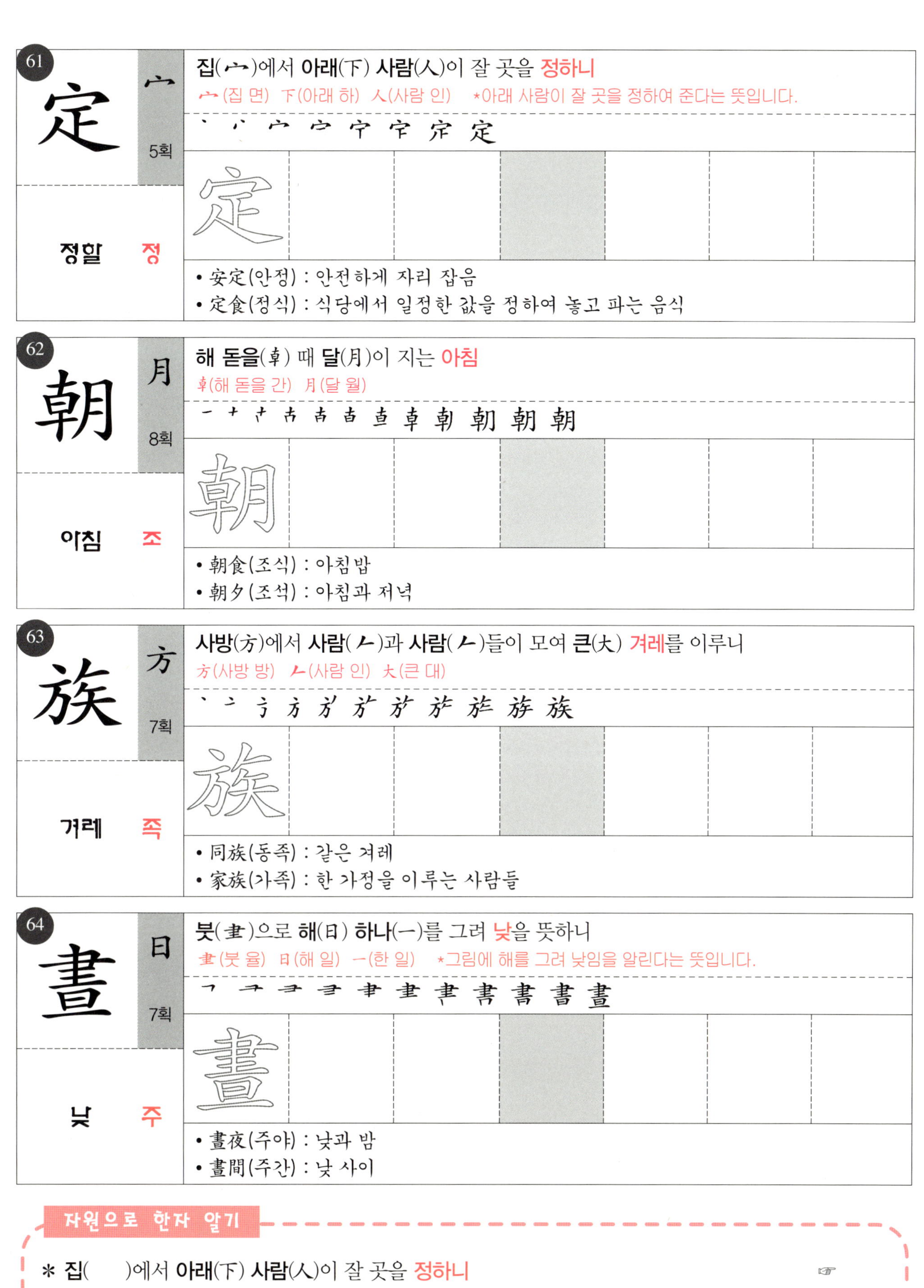

61 定 宀 5획 / 정할 정	집(宀)에서 **아래(下) 사람**(人)이 잘 곳을 **정하니** 宀(집 면) 下(아래 하) 人(사람 인) *아래 사람이 잘 곳을 정하여 준다는 뜻입니다. 丶 丶 宀 宀 宁 宇 定 定

- 安定(안정) : 안전하게 자리 잡음
- 定食(정식) : 식당에서 일정한 값을 정하여 놓고 파는 음식

62 朝 月 8획 / 아침 조	해 돋을(草) 때 **달**(月)이 지는 **아침** 草(해 돋을 간) 月(달 월) 一 十 十 古 吉 吉 直 卓 朝 朝 朝 朝

- 朝食(조식) : 아침밥
- 朝夕(조석) : 아침과 저녁

63 族 方 7획 / 겨레 족	**사방**(方)에서 **사람**(人)과 **사람**(人)들이 모여 **큰**(大) **겨레**를 이루니 方(사방 방) 人(사람 인) 大(큰 대) 丶 丶 亐 方 方 方 扩 扩 扩 族 族

- 同族(동족) : 같은 겨레
- 家族(가족) : 한 가정을 이루는 사람들

64 晝 日 7획 / 낮 주	**붓**(聿)으로 **해**(日) **하나**(一)를 그려 **낮**을 뜻하니 聿(붓 율) 日(해 일) 一(한 일) *그림에 해를 그려 낮임을 알린다는 뜻입니다. 一 ⴹ ⴺ ⴺ ⴻ 聿 書 書 書 書 書 晝

- 晝夜(주야) : 낮과 밤
- 晝間(주간) : 낮 사이

* 집(　　　)에서 **아래**(下) **사람**(人)이 잘 곳을 **정하니**
* 해 돋을(草) 때 **달**(　　　)이 지는 **아침**
* **사방**(　　　)에서 **사람**(人)과 **사람**(人)들이 모여 **큰**(大) **겨레**를 이루니
* **붓**(聿)으로 **해**(　　　) **하나**(一)를 그려 **낮**을 뜻하니

115

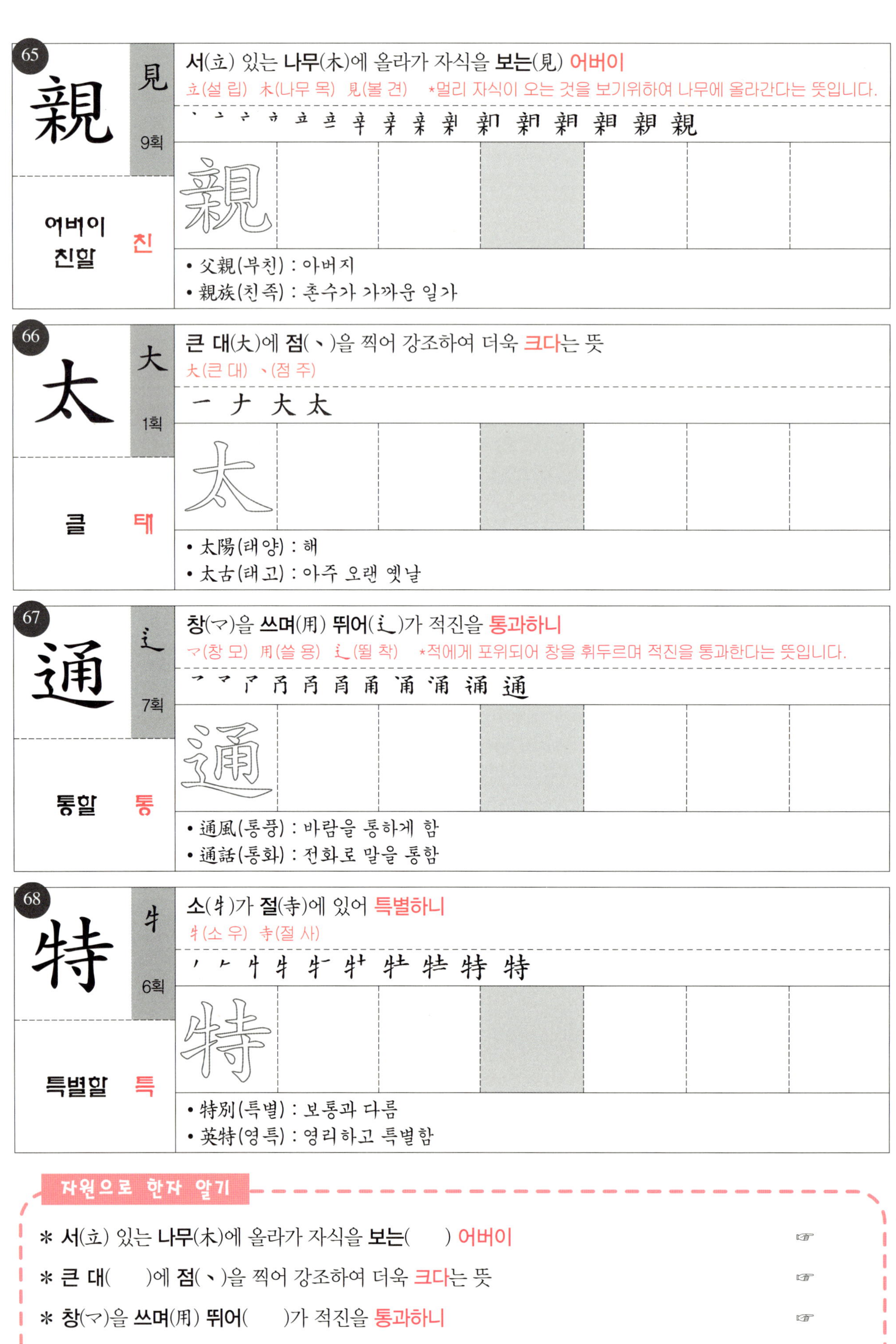

65 親 (9획)	見	서(立) 있는 **나무**(木)에 올라가 자식을 보는(見) **어버이**
		立(설 립) 木(나무 목) 見(볼 견) *멀리 자식이 오는 것을 보기위하여 나무에 올라간다는 뜻입니다.

` 丶 亠 立 产 立 辛 辛 亲 亲 新 新 新 親 親 親 親 `

어버이 친할 친

- 父親(부친) : 아버지
- 親族(친족) : 촌수가 가까운 일가

66 太 (1획)	大	큰 대(大)에 점(丶)을 찍어 강조하여 더욱 **크다**는 뜻
		大(큰 대) 丶(점 주)

` 一 ナ 大 太 `

클 태

- 太陽(태양) : 해
- 太古(태고) : 아주 오랜 옛날

67 通 (7획)	辶	창(マ)을 **쓰며**(用) 뛰어(辶)가 적진을 **통과하니**
		マ(창 모) 用(쓸 용) 辶(뛸 착) *적에게 포위되어 창을 휘두르며 적진을 통과한다는 뜻입니다.

` 丶 マ マ マ 甬 甬 甬 甬 涌 涌 通 通 `

통할 통

- 通風(통풍) : 바람을 통하게 함
- 通話(통화) : 전화로 말을 통함

68 特 (6획)	牛	소(牛)가 절(寺)에 있어 **특별하니**
		牛(소 우) 寺(절 사)

` 丿 ノ 牛 牛 牛 牜 牜 牲 特 特 `

특별할 특

- 特別(특별) : 보통과 다름
- 英特(영특) : 영리하고 특별함

* 서(立) 있는 **나무**(木)에 올라가 자식을 **보는**( ) 어버이
* 큰 대( )에 점(丶)을 찍어 강조하여 더욱 **크다**는 뜻
* 창(マ)을 **쓰며**(用) 뛰어( )가 적진을 **통과하니**
* 소( )가 절(寺)에 있어 **특별하니**

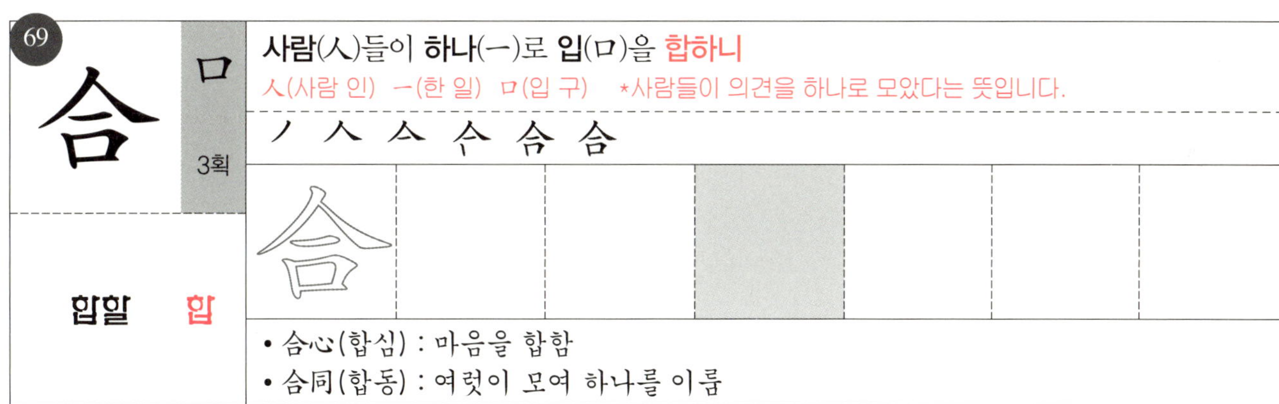

69 合 합할 합	口 3획	**사람**(人)들이 **하나**(一)로 **입**(口)을 **합하니** 人(사람 인) 一(한 일) 口(입 구) *사람들이 의견을 하나로 모았다는 뜻입니다.

ノ 人 △ 合 合 合

- 合心(합심) : 마음을 합함
- 合同(합동) : 여럿이 모여 하나를 이룸

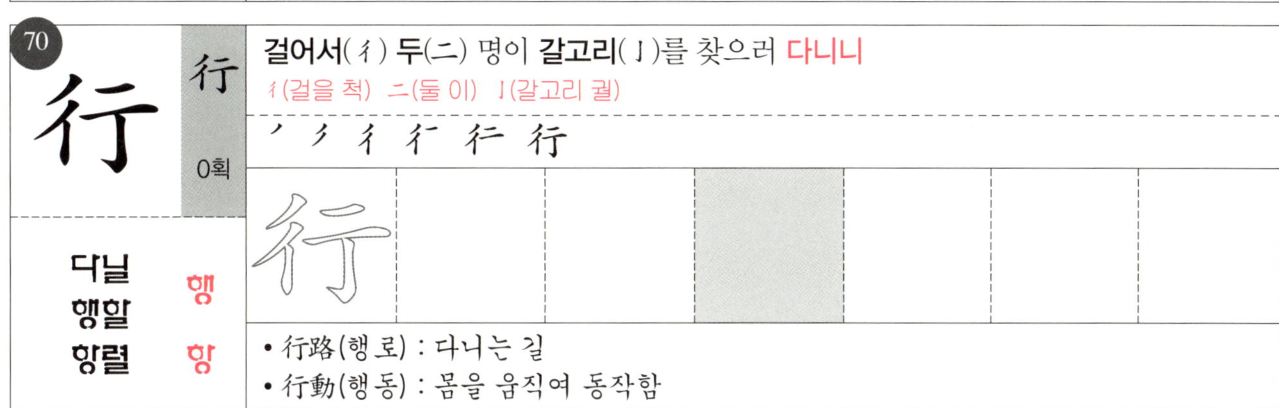

70 行 다닐 행할 행 항렬 항	行 0획	**걸어서**(彳) **두**(二) 명이 **갈고리**(亅)를 찾으러 **다니니** 彳(걸을 척) 二(둘 이) 亅(갈고리 궐)

ノ ク 彳 行 行 行

- 行路(행로) : 다니는 길
- 行動(행동) : 몸을 움직여 동작함

❋ **사람**(人)들이 **하나**(一)로 **입**(　)을 **합하니**　☞

❋ **걸어서**(彳) **두**(二) 명이 **갈고리**(亅)를 찾으러 **다니니**　☞

一思多得

龺	+	韋	=	韓(나라 한)	**해 돋는**(龺) 동쪽의 **위대한**(韋) **나라**
龺	+	月	=	朝(아침 조)	**해 돋을**(龺) 때 **달**(月)이 지는 **아침**

日	+		=	時(때 시)	**해**(日)의 위치를 보고 **관청**(寺)에서 **때**를 알리니
⺮	+	寺	=	等(무리 등)	**대**(⺮)가 **절**(寺) 주변에 **무리**를 이루어 자라니
彳	+		=	待(기다릴 대)	**걸어가**(彳) **관청**(寺)에서 차례를 **기다리니**
牛	+		=	特(특별할 특)	**소**(牛)가 **절**(寺)에 있어 **특별하니**

定 정할 정	=		+		+	

朝 아침 조	=		+	

族 겨레 족	=		+		+		+	

晝 낮 주	=		+		+	

親 어버이 친	=		+		+	

太 클 태	=		+	

通 통할 통	=		+		+	

特 특별할 특	=		+	

合 합할 합	=		+		+	

行 다닐 행	=		+		+	

 다음 한자어의 **독음**을 쓰세요.

安 定	定 食	朝 食	朝 夕
同 族	家 族	晝 夜	晝 間
父 親	親 族	太 陽	太 古
通 風	通 話	特 別	英 特
合 心	合 同	行 路	行 動

 다음 한자어를 **한자**로 쓰세요.

편안할 안　정할 정	아침 조　밥 식	같을 동　겨레 족	낮 주　밤 야
아비 부　어버이 친	클 태　볕 양	통할 통　바람 풍	특별할 특　다를 별
합할 합　마음 심	다닐 행　길 로	정할 정　음식 식	아침 조　저녁 석
집 가　겨레 족	낮 주　사이 간	친할 친　겨레 족	클 태　예 고
통할 통　말씀 화	뛰어날 영　특별할 특	합할 합　같을 동	행할 행　움직일 동

1. 대통령은 국가의 **安定**을 이루어야 한다.

2. 무엇을 먹을까 망설이다가 **定食**을 주문했다.

3. **朝食**은 거르지 말고 꼭 먹어야 한다.

4. **朝夕** 두 끼 먹기도 힘들다.

5. 우리는 같은 피를 나누고 같은 말을 쓰는 **同族**이다.

6. 오늘 저녁에 **家族** 회의가 있다.

7. 그 식당은 **晝夜**로 손님들이 끊이지 않았다.

8. **晝間** 프로그램을 시청하고 있다.

9. **父親**의 말씀에 따르다.

10. 힘든 일을 도와주는 사람들을 보며 **親族** 같은 혈연의 정을 느꼈다.

11. 드디어 눈부신 **太陽**이 솟아올랐다.

12. 그곳은 사람의 흔적이 전혀 없어 **太古**의 모습 그대로이다.

13. **通風** 장치가 되어 있어서 지하실 안은 제법 시원했다.

14. 전화 한 **通話**만 쓸 수 있을까요?

15. 이번 주는 음주 운전 **特別** 단속 기간이다.

16. 동생은 어려서부터 **英特**했다.

17. 모두가 **合心**으로 일한 덕분에 수출이 늘어났다.

18. 국회의원 후보자들의 **合同** 연설회가 시작되었다.

19. 그들은 여행을 떠나기 전에 **行路**를 정하였다.

20. 계획을 **行動**으로 옮기는 것이 가장 중요하다.

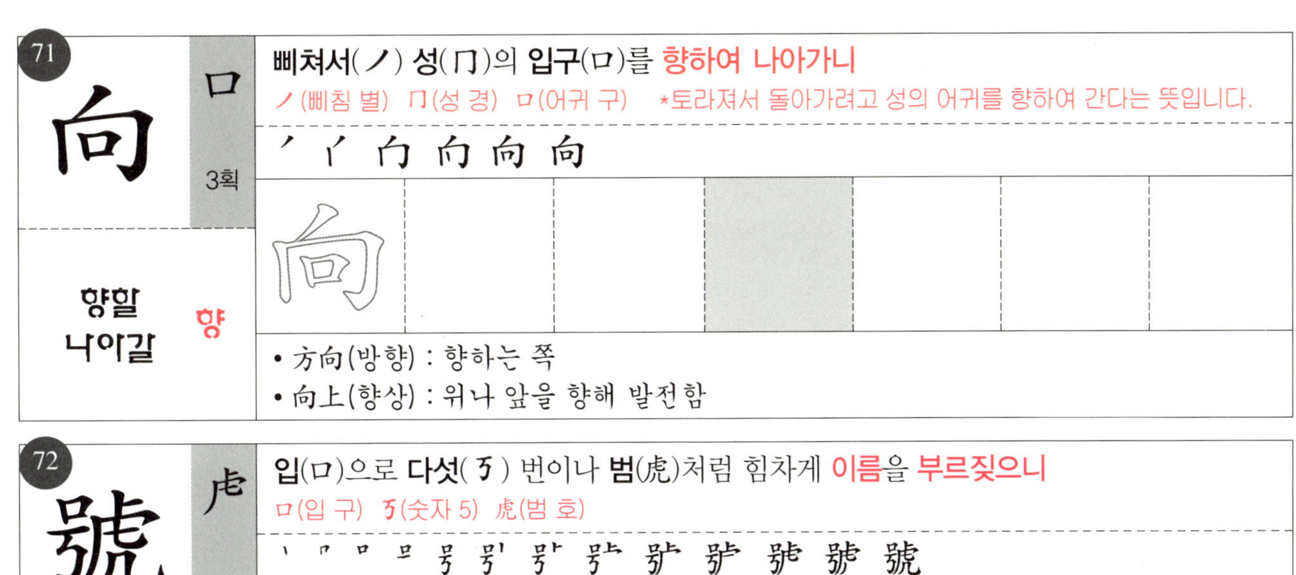

71 **向** 口 3획

향할 나아갈 **향**

삐쳐서(丿) **성**(冂)의 **입구**(口)를 **향하여 나아가니**

丿(삐침 별) 冂(성 경) 口(어귀 구) *토라져서 돌아가려고 성의 어귀를 향하여 간다는 뜻입니다.

' 丫 向 向 向 向

- 方向(방향) : 향하는 쪽
- 向上(향상) : 위나 앞을 향해 발전함

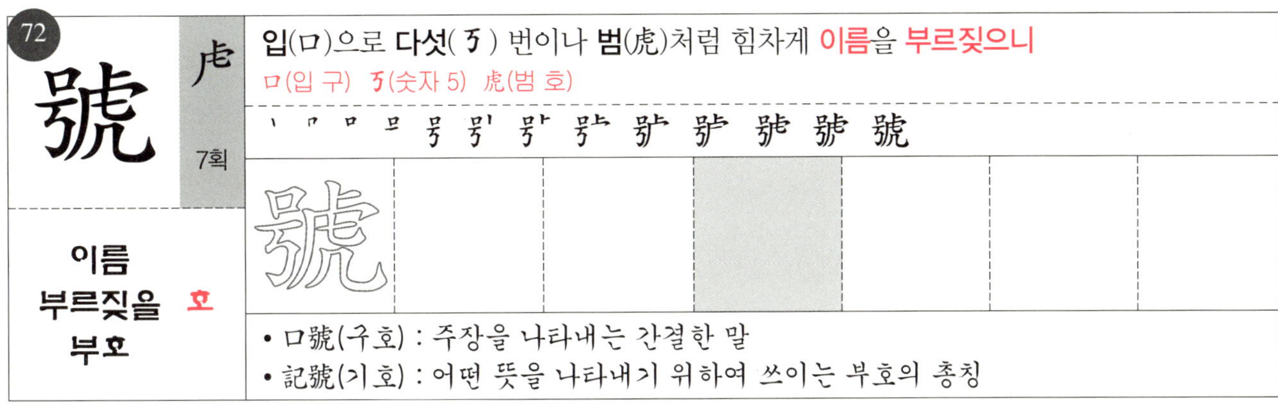

72 **號** 虍 7획

이름 부르짖을 부호 **호**

입(口)으로 **다섯**(丂) 번이나 **범**(虎)처럼 힘차게 **이름**을 **부르짖으니**

口(입 구) 丂(숫자 5) 虎(범 호)

丶 口 口 口 号 号 号 号 号 号 號 號 號

- 口號(구호) : 주장을 나타내는 간결한 말
- 記號(기호) : 어떤 뜻을 나타내기 위하여 쓰이는 부호의 총칭

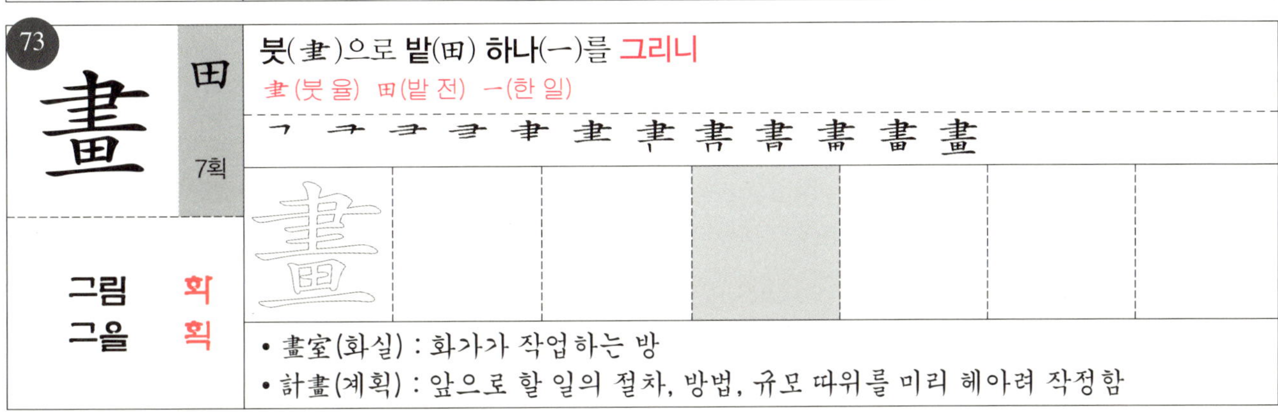

73 **畫** 田 7획

그림 **화**
그을 **획**

붓(聿)으로 **밭**(田) **하나**(一)를 **그리니**

聿(붓 율) 田(밭 전) 一(한 일)

フ ⺕ ⺕ ⺕ 聿 聿 聿 書 書 書 畫 畫

- 畫室(화실) : 화가가 작업하는 방
- 計畫(계획) : 앞으로 할 일의 절차, 방법, 규모 따위를 미리 헤아려 작정함

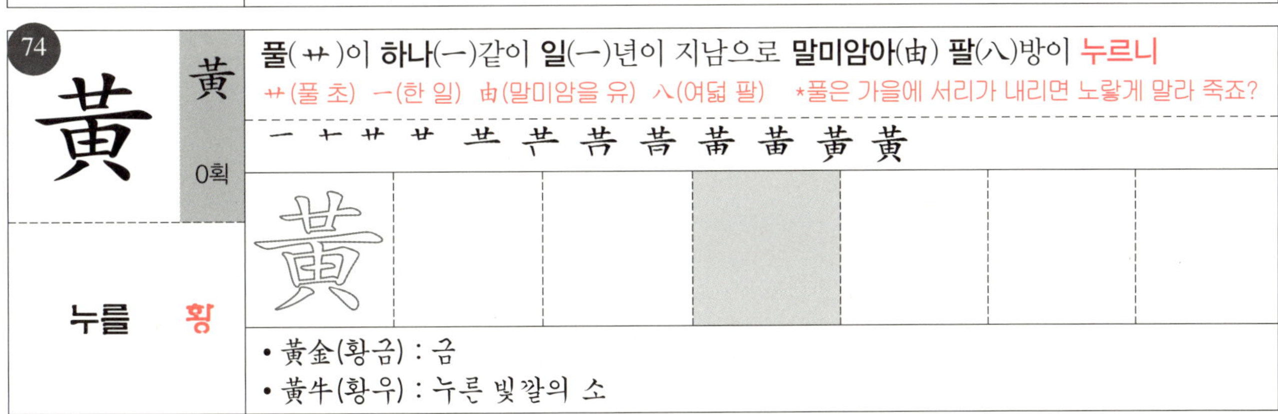

74 **黃** 黃 0획

누를 **황**

풀(艹)이 **하나**(一)같이 **일**(一)년이 지남으로 **말미암아**(由) **팔**(八)방이 **누르니**

艹(풀 초) 一(한 일) 由(말미암을 유) 八(여덟 팔) *풀은 가을에 서리가 내리면 노랗게 말라 죽죠?

一 十 廾 廾 艹 艹 苎 苎 茜 萧 黄 黃

- 黃金(황금) : 금
- 黃牛(황우) : 누른 빛깔의 소

자원으로 한자 알기

* **삐쳐서**(丿) **성**(冂)의 **입구**(　　)를 **향하여 나아가니** ☞
* **입**(口)으로 **다섯**(丂) 번이나 **범**(　　)처럼 힘차게 **이름**을 **부르짖으니** ☞
* **붓**(聿)으로 **밭**(　　) **하나**(一)를 **그리니** ☞
* **풀**(艹)이 **하나**(一)같이 **일**(一)년이 지남으로 **말미암아**(由) **팔**(八)방이 **누르니** ☞

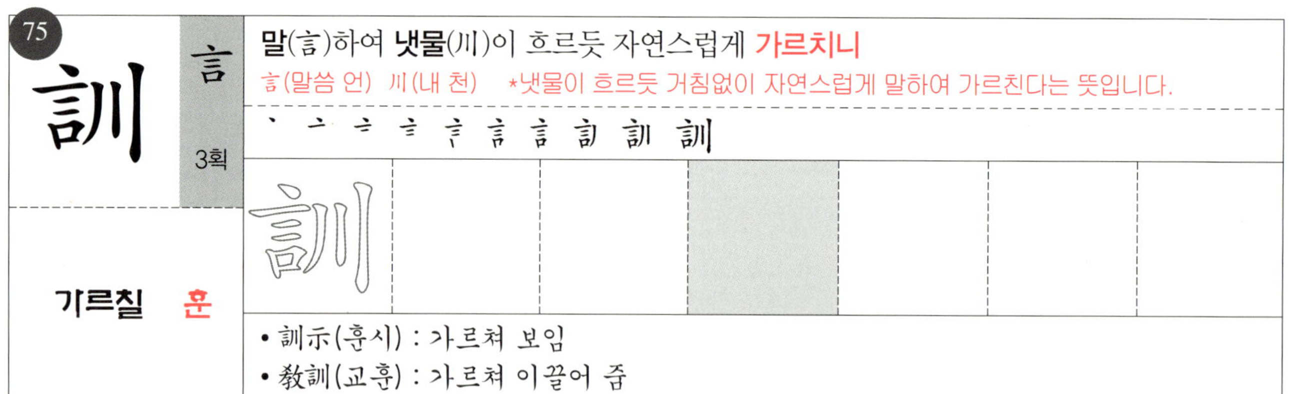

75 訓 가르칠 훈	言 3획	말(言)하여 **냇물**(川)이 흐르듯 자연스럽게 **가르치니** 言(말씀 언) 川(내 천) *냇물이 흐르듯 거침없이 자연스럽게 말하여 가르친다는 뜻입니다.

` ` ` 宀 宀 言 言 言 言 訓 訓

- 訓示(훈시) : 가르쳐 보임
- 教訓(교훈) : 가르쳐 이끌어 줌

一思多得

73 畫(그림 화) 晝(낮 주) 書(글 서) 잘 구별하세요.

畫(그림 화) : **붓**(聿)으로 **밭**(田) **하나**(一)를 **그리니**

晝(낮 주) : **붓**(聿)으로 **해**(日) **하나**(一)를 그려 **낮**을 뜻하니

書(글 서) : **붓**(聿)으로 할 **말**(曰)을 **써 글**로 남기니

言	+	己	=	記(기록할 기)	말(言) 중에 **자기**(己)에게 필요한 부분만 **기록하니**
	+	舌	=	話(말씀 화)	말(言)하려고 **혀**(舌)를 움직여서 하는 **말씀**이나 **이야기**
	+	十	=	計(셀 계)	말(言)하여 **열**(十)까지 **세니**
	+	賣	=	讀(읽을 독)	말(言)을 **팔려고**(賣) 책을 많이 **읽으니**
	+	川	=	訓(가르칠 훈)	말(言)하여 **냇물**(川)이 흐르듯 자연스럽게 **가르치니**

 **다음 한자를 나누고 자원을 쓰면서 익히세요.**

| 向 향할 향 | = | | + | | + | |

| 號 이름 호 | = | | + | | + | |

| 畫 그림 화 | = | | + | | + | |

| 黃 누를 황 | = | | + | | + | | + | | + | |

| 訓 가르칠 훈 | = | | + | |

 다음 한자어의 **독음**을 쓰세요.

方 向	向 上	口 號	記 號

畫 室	計 畫	黃 金	黃 牛

訓 示	敎 訓

 다음 한자어를 **한자**로 쓰세요.

방위 방	향할 향	입 구	부르짖을 호	그림 화	방 실	누를 황	금 금

가르칠 훈	보일 시	나아갈 향	윗 상	기록할 기	부호 호	헤아릴 계	계획할 획

누를 황	소 우	가르칠 교	가르칠 훈

 **예문으로 한자어 익히기(한자로 쓰인 단어의 뜻을 써보세요.)**

1 저 모퉁이에서 오른쪽 **方向**으로 돌아라.

2 신제품은 기존 제품보다 내구성이 크게 **向上**되었다.

3 지금까지 국산품 애용은 **口號**로만 그쳐 왔다.

4 컴퓨터에는 알아보기 쉽게 만든 많은 **記號**가 사용된다.

5 그림이며 조각이며 미술품으로 가득 찬 **畫室**은 아름다웠다.

6 치밀한 사전 **計畫**을 세우다.

7 **黃金**으로 장식한 왕관을 제작했다.

8 이제 내년 봄쯤엔 송아지가 아니라 **黃牛** 한 마리 살 수 있겠지?

9 선생님은 학생들에게 정직한 사람이 되라고 **訓示**하셨다.

10 독서를 통하여 즐거움과 **教訓**을 얻는다.

51. 울타리(　　)를 옷을 챙겨(衣) 싸듯 친 **동산**

52. 옷을 챙겨(衣) 뛰어(　　)갈 정도로 **머니**

53. 말(曰)을 위로 뚫어(丨) **까닭**을 물으니

54. 물(　　)처럼 열매를 짬으로 **말미암아**(由) 나오는 **기름**

55. 값어치가 금(　　) 다음에 **그쳐**(艮) 있는 **은**

56. 머리(亠)에 갓 쓰고 **사람**(亻)이 **삐치고**(丿) **파인**(乀) **옷**을 입은 모양

57. 상자(匸)처럼 패이고 **화살**(矢)과 **창**(殳)에 찔린 곳을 **술**(　　)로 소독하는 **의원**

58. 늙고(　　) 머리가 흰(白) **사람**

59. 소리(音)를 열(十) 마디씩 끊어 읽도록 지은 **글**

60. 하나(一)같이 **사람**(亻)들이 **땅**(　　)에 **있으니**

61. 집(　　)에서 **아래**(下) **사람**(人)이 잘 곳을 **정하니**

62. 해 돋을(車) 때 달(　　)이 지는 **아침**

63. 사방(　　)에서 **사람**(レ)과 **사람**(レ)들이 모여 **큰**(大) **겨레**를 이루니

64. 붓(聿)으로 해(　　) 하나(一)를 그려 **낮**을 뜻하니

65. 서(立) 있는 **나무**(木)에 올라가 자식을 **보는**(　　) **어버이**

66. 큰 대(　　)에 점(丶)을 찍어 강조하여 더욱 **크다**는 뜻

67. 창(マ)을 쓰며(用) 뛰어(　　)가 적진을 **통과하니**

68. 소(　　)가 절(寺)에 있어 **특별하니**

69. **사람**(人)들이 하나(一)로 입(　　)을 **합하니**

70. 걸어서(彳) 두(二) 명이 **갈고리**(丨)를 찾으러 **다니니**

71. 삐쳐서(丿) 성(冂)의 **입구**(　　)를 **향하여 나아가니**

72. 입(口)으로 다섯(彐) 번이나 범(　　)처럼 힘차게 **이름을 부르짖으니**

73. 붓(聿)으로 밭(　　) 하나(一)를 **그리니**

74. 풀(艹)이 하나(一)같이 일(一)년이 지남으로 **말미암아**(由) 팔(八)방이 **누르니**

75. 말(　　)하여 **냇물**(川)이 흐르듯 자연스럽게 **가르치니**

園

遠　　　由

油　銀　　衣　醫

者　章　　　在　定

朝　　　　　　　族

畫　親　6급 51-75번
　　　　　형성평가　太　通

特　合　　行　向

號　畫　黃

訓

 다음 뜻과 음을 지닌 한자를 쓰세요.

동산 원

멀 원

말미암을 유

기름 유

은 은

옷 의

의원 의

사람 자

글 장

있을 재

정할 정

6급 51-75번
형성평가

아침 조

겨레 족

낮 주

친할 친

클 태

통할 통

특별할 특

합할 합

다닐 행

향할 향

이름 호

그림 화

누를 황

가르칠 훈

종합
평가

各　角　界　計　高　公　共

功　果　科　光　球　今　急

短　堂　代　　　對　圖　讀

童　等　　　　　　　樂　利

理　　　　　　　　　　　明

聞　半　　　　　　　反　班

發　放　部　　　分　社　書

線　雪　成　省　消　術　始

信　新　神　身　弱　藥　業

6Ⅱ 1-50번
형성평가

 다음 뜻과 음을 지닌 **한자**를 쓰세요.

각각 각	뿔 각	경계 계	셀 계	높을 고	공평할 공	함께 공
공 공	열매 과	과목 과	빛 광	공 구	이제 금	급할 급
짧을 단	집 당	대신할 대		대할 대	그림 도	읽을 독
아이 동	무리 등				즐길 락	이로울 리
다스릴 리						밝을 명
들을 문	반 반				돌이킬 반	나눌 반
쏠 발	놓을 방	나눌 부		나눌 분	모일 사	글 서
줄 선	눈 설	이룰 성	살필 성	사라질 소	재주 술	비로소 시
믿을 신	새 신	귀신 신	몸 신	약할 약	약 약	일 업

6Ⅱ 1-50번
형성평가

勇
用　運
音　飲　意　作
昨　才　　　　戰　庭
第　　　6Ⅱ 51-75번　　題
　　　　형성평가
注　集　　　　窓　清
體　表　　風　幸
現　形　和
會

날랠 용

쓸 용

옮길 운

소리 음

마실 음

뜻 의

지을 작

어제 작

재주 재

싸움 전

뜰 정

6Ⅱ 51-75번 형성평가

차례 제

문제 제

부을 주

모일 집

창 창

맑을 청

몸 체

겉 표

바람 풍

다행 행

나타날 현

모양 형

화활 화

모일 회

感	強	開	京	古	苦	交
區	郡	根	近	級	多	待
度	頭	例		禮	路	綠
李	目				美	米
朴						番
別	病				服	本
使	死	席		石	速	孫
樹	習	勝	式	失	愛	夜
野	洋	陽	言	永	英	溫

6급 1-50번
형성평가

 **다음 뜻과 음을 지닌 한자를 쓰세요.**

느낄 감	강할 강	열 개	서울 경	예 고	쓸 고	사귈 교
구분할 구	고을 군	뿌리 근	가까울 근	등급 급	많을 다	기다릴 대
법도 도	머리 두	법식 례		예도 례	길 로	푸를 록
오얏 리	눈 목				아름다울 미	쌀 미
성 박						차례 번
나눌 별	병 병				옷 복	근본 본
하여금 사	죽을 사	자리 석		돌 석	빠를 속	손자 손
나무 수	익힐 습	이길 승	법 식	잃을 실	사랑 애	밤 야
들 야	큰 바다 양	볕 양	말씀 언	길 영	꽃부리 영	따뜻할 온

6급 1-50번
형성평가

 다음 한자의 **뜻**과 **음**을 쓰세요.

園

遠　由

油　銀　衣　醫

者　章　　　在　定

朝　　　　　　族

畫　親　6급 51-75번 형성평가　太　通

特　合　行　向

號　畫　黃

訓

136

동산 원

멀 원　말미암을 유

기름 유　은 은　옷 의　의원 의

사람 자　글 장　있을 재　정할 정

6급 51-75번
형성평가

아침 조　겨레 족

낮 주　친할 친　클 태　통할 통

특별할 특　합할 합　다닐 행　향할 향

이름 호　그림 화　누를 황

가르칠 훈

1. 다음 뜻에 해당하는 한자를 쓰세요.

글, 낮, 그림

➡

어제, 오늘, 내일

➡

삶과 죽음, 괴로움과 즐거움을 통틀어 이르는 말

➡

2. 다음 한자어의 독음을 쓰세요.

同感 __________	世界 __________	科學 __________
區分 __________	野球 __________	根本 __________
急行 __________	世代 __________	對答 __________
道路 __________	出發 __________	病室 __________
題目 __________	部下 __________	分野 __________
反省 __________	孫子 __________	言語 __________
事業 __________	大勇 __________	公園 __________
理由 __________	作家 __________	

3. 다음 한자어의 뜻을 쓰세요.

共用 _______________　　遠近 _______________　　淸心 _______________

身體 _______________　　通路 _______________　　集合 _______________

行事 _______________　　訓話 _______________

4. 다음 한자어를 한자로 쓰세요.

독서(책을 읽음) ➡

본명(본 이름) ➡

광선(빛의 줄기) ➡

대승(크게 이김) ➡

야간(밤사이) ➡

온도(따뜻한 정도) ➡

영재(뛰어난 재주. 또는 그런 사람) ➡

복용(약을 먹음) ➡

 **논술** –교과서 주요 한자어 익히기

家計 ( ) : 집안 살림의 수입과 지출의 상태		가계
家訓 ( ) : 집안의 조상이나 어른이 자손들에게 일러 주는 가르침		가훈
各地 ( ) : 각 지방		각지
開花 ( ) : 꽃이 핌		개화
苦戰 ( ) : 몹시 힘들고 어렵게 싸움		고전
共生 ( ) : 함께 삶		공생
公席 ( ) : 공적인 모임의 자리		공석
敎習 ( ) : 가르쳐 익히게 함		교습
球形 ( ) : 공처럼 둥근 모양		구형
近方 ( ) : 가까운 곳		근방
內戰 ( ) : 나라 안 싸움		내전
多急 ( ) : 매우 급함		다급
大成 ( ) : 크게 이룸		대성
代行 ( ) : 대신하여 행함		대행
同族 ( ) : 같은 겨레		동족
半數 ( ) : 절반이 되는 수		반수
本體 ( ) : 본바탕		본체
山神 ( ) : 산신령		산신
山野 ( ) : 산과 들		산야
上席 ( ) : 윗자리		상석
上體 ( ) : 몸의 윗부분		상체
書畫 ( ) : 글씨와 그림		서화
先行 ( ) : 앞서 행함		선행
所在 ( ) : 있는 곳		소재
所行 ( ) : 이미 해 놓은 일이나 짓		소행

手工 (　　　) : 손으로 하는 비교적 간단한 공예　　수공

水溫 (　　　) : 물의 온도　　수온

食用 (　　　) : 먹을 것으로 씀　　식용

新入 (　　　) : 새로 들어옴　　신입

信者 (　　　) : 종교를 믿는 사람　　신자

身長 (　　　) : 사람의 키　　신장

失意 (　　　) : 뜻을 잃음　　실의

安樂 (　　　) : 편안하고 즐거움　　안락

弱體 (　　　) : 허약한 몸　　약체

力作 (　　　) : 온 힘을 기울여 작품을 만듦　　역작

外形 (　　　) : 겉모양　　외형

前夜 (　　　) : 전날 밤　　전야

戰意 (　　　) : 싸우고자 하는 의욕　　전의

定時 (　　　) : 일정한 시간　　정시

族長 (　　　) : 종족의 어른　　족장

中級 (　　　) : 중간의 등급　　중급

車路 (　　　) : 찻길　　차로

車窓 (　　　) : 차의 창문　　차창

體重 (　　　) : 몸무게　　체중

出席 (　　　) : 자리에 나아가 참석함　　출석

特命 (　　　) : 특별한 명령　　특명

合作 (　　　) : 힘을 합하여 만듦　　합작

現地 (　　　) : 일이 벌어진 바로 그곳　　현지

話者 (　　　) : 말하는 사람　　화자

會食 (　　　) : 모여 함께 음식을 먹음　　회식

부록

強 (강할 강)	↔	弱 (약할 약)
苦 (괴로울 고)	↔	樂 (즐거울 락)
古 (예 고)	↔	今 (이제 금)
多 (많을 다)	↔	少 (적을 소)
別 (나눌 별) 分 (나눌 분)	↔	合 (합할 합)
死 (죽을 사)	↔	生 (살 생) 活 (살 활)
消 (사라질 소)	↔	現 (나타날 현)

心 (마음 심)	↔	身 (몸 신)
言 (말씀 언)	↔	行 (행할 행)
遠 (멀 원)	↔	近 (가까울 근)
長 (길 장)	↔	短 (짧을 단)
戰 (싸움 전)	↔	和 (화할 화)
朝 (아침 조)	↔	夕 (저녁 석)
晝 (낮 주)	↔	夜 (밤 야)
學 (배울 학)	↔	敎 (가르칠 교) 訓 (가르칠 훈)

強大 (강대)	↔	弱小 (약소)
強風 (강풍)	↔	弱風 (약풍)
近海 (근해)	↔	遠洋 (원양)
大路 (대로)	↔	小路 (소로)
放學 (방학)	↔	開學 (개학)
部分 (부분)	↔	全體 (전체)
不運 (불운)	↔	幸運 (행운)

死後 (사후)	↔	生前 (생전)
有利 (유리)	↔	不利 (불리)
日光 (일광)	↔	月光 (월광)
立體 (입체)	↔	平面 (평면)
子音 (자음)	↔	母音 (모음)
昨日 (작일)	↔	明日 (명일)
前半 (전반)	↔	後半 (후반)

유의자 -뜻이 비슷한 한자

計(셀 계)	=	算(셈 산) 數(셈 수)
界(지경 계)	=	區(지경 구)
共(한 가지 공)	=	同(한 가지 동)
敎(가르칠 교)	=	訓(가르칠 훈)
根(뿌리 근)	=	本(뿌리 본)
急(빠를 급)	=	速(빠를 속)
堂(집 당)	=	家(집 가) 室(집 실)
圖(그림 도)	=	畫(그림 화)
道(길 도)	=	路(길 로)
度(법도 도)	=	例(법식 례) 式(법 식)

文(글월 문)	=	書(글 서) 章(글 장)
班(나눌 반)	=	別(나눌 별) 分(나눌 분)
番(차례 번)	=	第(차례 제)
社(모일 사)	=	集(모일 집) 會(모일 회)
身(몸 신)	=	體(몸 체)
言(말씀 언)	=	語(말씀 어) 話(말씀 화)
永(멀 영)	=	遠(멀 원)
衣(옷 의)	=	服(옷 복)
晝(낮 주)	=	午(낮 오)

동음이의어 –음은 같으나 뜻이 다른 한자어

고대	高大	높고 큼
	古代	옛 시대
	苦待	매우 기다림
고문	古文	옛 글
	高文	내용이 알차고 문장이 빼어난 글
공사	工事	토목이나 건축 따위의 일
	公使	국가를 대표하여 파견되는 외교 사절
	公社	국가적 사업을 수행하기 위하여 설립된 공공 기업
공용	共用	함께 씀
	公用	공공의 목적으로 씀
대사	大事	큰일
	大使	나라를 대표하여 다른 나라에 파견되어 외교를 맡아보는 사람
동의	冬衣	겨울 옷
	同意	같은 뜻
명문	名文	이름난 글
	名門	이름난 집안
	明文	명백히 기록된 문구
부정	不正	바르지 않음
	不定	일정하지 아니함
사례	事例	어떤 일이 전에 실제로 일어난 예
	四禮	관례, 혼례, 장례, 제례의 네 가지 의례

사신	四神 : 네 방향을 맡은 신	
	使臣 : 임금이나 국가의 명령을 받고 외국에 사절로 가는 신하	
사후	死後 : 죽은 뒤	
	事後 : 일이 끝난 뒤	
식수	食水 : 먹는 물	
	植樹 : 나무를 심음	
실신	失身 : 절개를 잃음	
	失神 : 정신을 잃음	
	失信 : 믿음을 잃음	
외형	外兄 : 이종형	
	外形 : 사물의 겉모양	
자신	自身 : 자기	
	自信 : 스스로 굳게 믿음	
전선	電線 : 전깃줄	
	戰線 : 전쟁에서 직접 전투가 벌어지는 지역	
행사	行使 : 부려서 씀	
	行事 : 어떤 일을 시행함	
화과	花果 : 꽃과 열매	
	畵科 : 그림 주제의 종류	

家内工業 (가내공업)	집 안에서 단순한 기술과 도구로써 작은 규모로 생산하는 수공업
家庭教育 (가정교육)	집안 어른들이 자녀들에게 주는 영향이나 가르침
各人各色 (각인각색)	사람마다 각기 다름
各自圖生 (각자도생)	제각기 살아 나갈 방법을 꾀함
高速道路 (고속도로)	높은 속도로 달리는 차량의 전용 도로
公明正大 (공명정대)	마음이 공평하고 사심이 없으며 밝고 큼
交通信號 (교통신호)	교통 상에 쓰이는 갖가지 신호
九死一生 (구사일생)	아홉 번 죽을 뻔하다 한 번 살아난다는 뜻으로, 죽을 고비를 여러 차례 넘기고 겨우 살아남을 이르는 말
男女有別 (남녀유별)	남자와 여자 사이에 분별이 있어야 함
代代孫孫 (대대손손)	대대로 이어오는 자손
大明天地 (대명천지)	아주 환하게 밝은 세상
同苦同樂 (동고동락)	괴로움도 즐거움도 같이 함
同生共死 (동생공사)	같이 살고 함께 죽음
東西古今 (동서고금)	동양과 서양, 옛날과 지금을 통틀어 이르는 말
同姓同本 (동성동본)	성과 본관이 모두 같음
同時多發 (동시다발)	같은 시간에 일이 많이 발생함

門前成市 (문전성시)	찾아오는 사람이 많아 집 문 앞이 시장을 이루다시피 함을 이르는 말
百年大計 (백년대계)	먼 앞날까지 내다보고 먼 뒷날까지 걸쳐 세우는 큰 계획
百萬長者 (백만장자)	재산이 매우 많은 사람
白面書生 (백면서생)	한갓 글만 읽고 세상일에는 전혀 경험이 없는 사람
百發百中 (백발백중)	백 번 쏘아 백 번 맞힌다는 뜻으로, 총이나 활 따위를 쏠 때마다 겨눈 곳에 다 맞음을 이르는 말
白衣民族 (백의민족)	흰옷을 입은 민족이라는 뜻으로, 우리 민족을 이르는 말
百戰百勝 (백전백승)	백 번 싸워 백 번 이긴다는 뜻으로, 싸울 때마다 번번이 이김
別有天地 (별유천지)	속계를 떠난 특별한 경지에 있다는 뜻으로, 별세계를 말함
父子有親 (부자유친)	아버지와 아들 사이의 도리는 친애에 있음
不遠千里 (불원천리)	천 리 길도 멀다고 여기지 않음
山戰水戰 (산전수전)	산에서도 싸우고 물에서도 싸웠다는 뜻으로, 세상의 온갖 고생과 어려움을 다 겪었음을 이르는 말
三十六計 (삼십육계)	서른여섯 가지의 꾀
生老病死 (생로병사)	사람이 나고 늙고 병들고 죽는 네 가지 고통
生死苦樂 (생사고락)	삶과 죽음, 괴로움과 즐거움을 통틀어 이르는 말
時間問題 (시간문제)	이미 결과가 뻔하여 조만간 저절로 해결될 문제
市民社會 (시민사회)	신분적 구속에 지배되지 않으며, 자유롭고 평등한 개인의 이성적 결합으로 이루어진 사회

新聞記者 (신문기자)	신문에 실을 자료를 수집, 취재, 집필, 편집하는 사람
愛國愛族 (애국애족)	나라를 사랑하고 겨레를 사랑함
野生動物 (야생동물)	산이나 들에서 저절로 나서 자라는 동물
年中行事 (연중행사)	해마다 일정한 시기를 정하여 놓고 하는 행사
樂山樂水 (요산요수)	산을 좋아하고 물을 좋아한다는 뜻으로, 산수 경치를 좋아함
人命在天 (인명재천)	사람의 목숨은 하늘에 달려 있다는 뜻으로, 목숨의 길고 짧음은 사람의 힘으로 어쩔 수 없음을 이르는 말
人事不省 (인사불성)	제 몸에 벌어지는 일을 모를 만큼 정신을 잃은 상태
人海戰術 (인해전술)	우수한 화기보다 다수의 병력을 투입하여 적을 압도하는 전술
一口二言 (일구이언)	한 입으로 두 말을 한다는 뜻으로, 한 가지 일에 대하여 말을 이랬다저랬다 함
一心同體 (일심동체)	한마음 한 몸이라는 뜻으로, 서로 굳게 결합함을 이르는 말
一日三省 (일일삼성)	하루에 세 번씩 자신의 행동을 반성함
一長一短 (일장일단)	일면의 장점과 다른 일면의 단점
一朝一夕 (일조일석)	하루아침, 하루저녁이란 뜻으로, 대단히 짧은 시간을 이르는 말
子孫萬代 (자손만대)	자자손손의 썩 많은 세대
自手成家 (자수성가)	물려받은 재산이 없이 자기 혼자의 힘으로 집안을 일으키고 재산을 모음
自由自在 (자유자재)	거침없이 자기 마음대로 할 수 있음

作心三日 (작심삼일)	먹은 마음이 사흘을 가지 못한다는 뜻으로, 결심이 굳지 못함
電光石火 (전광석화)	번갯불이나 부싯돌의 불이 번쩍거리는 것과 같이 매우 짧은 시간이나 매우 재빠른 움직임 따위를 비유적으로 이르는 말
晝夜長川 (주야장천)	밤낮으로 쉬지 않고 흐르는 시냇물과 같이 늘 잇따름
千萬多幸 (천만다행)	아주 다행함
天下第一 (천하제일)	세상에 견줄 만한 것이 없이 최고임
淸風明月 (청풍명월)	맑은 바람과 밝은 달
草綠同色 (초록동색)	풀색과 녹색은 같은 색이라는 뜻으로, 처지가 같은 사람들끼리 한패가 되는 경우를 비유적으로 이르는 말
特別活動 (특별활동)	학교 교육 과정에서 교과 학습 이외의 교육 활동
八方美人 (팔방미인)	어느 모로 보나 아름다운 사람
下等動物 (하등동물)	진화 정도가 낮아 몸의 구조가 단순한 원시적인 동물
行方不明 (행방불명)	간 곳이나 방향을 모름
形形色色 (형형색색)	형상과 빛깔 따위가 서로 다른 여러 가지
花朝月夕 (화조월석)	꽃 피는 아침과 달 밝은 밤이라는 뜻으로, 경치가 좋은 시절을 이르는 말
訓民正音 (훈민정음)	백성을 가르치는 바른 소리라는 뜻으로, 세종이 창제한 우리나라 글자

기본자		약자
強	⇒	强
區	⇒	区
對	⇒	対
圖	⇒	図
讀	⇒	読
樂	⇒	楽
禮	⇒	礼
發	⇒	発

기본자		약자
藥	⇒	薬
醫	⇒	医
戰	⇒	战
定	⇒	㝎
體	⇒	体
號	⇒	号
晝	⇒	画
會	⇒	会

[서울신문 베스트브랜드 대상] 중앙에듀북스 – 마법 술술한자

부수 새롭게 정리하고 그림 곁들여… 평가 다양하게 수록

중앙에듀북스 '마법 술술한자'

중앙에듀북스의 '마법 술술한자' 시리즈(전9권)는 한국어문회가 주관하는 한자능력검정시험(8~3급) 합격을 위한 참신하고 획기적인 한자 학습서다. 누구나 한자가 형성된 원리를 이해하며 제대로 배울 수 있도록 초등학생 수준에 맞추어 자원을 쉽게 풀이하였다.

또 학교 교과서에 자주 나오는 한자어를 선별하여 그 뜻을 한자를 통해 쉽게 알 수 있도록 직역으로 풀이하였다. 특히 한자능력검정시험 8급과 7급은 가지고 다니면서 유용하게 활용할 수 있는 한자카드도 수록하였다.

이 시리즈의 핵심은 1권인 '부수'이다. 이 책은 모양이 비슷한 부수는 통합하고, 잘 쓰이지 않는 부수는 제외하여 기존 214자를 200자로 새로 정리했으며, 그림을 곁들여 알기 쉽게 풀이했다.

2권부터 9권까지는 한자능력검정시험 8~3급으로 구성되어 있다. 한자를 나누어 형성 원리를 이해한 후 자원을 보며 한자를 쓸 수 있도록 바로 아래에 빈칸을 두었다. 또 예문을 통하여 한자어의 활용을 익힐 수 있도록 구성하였으며, 지속적인 반복과 실력을 확인할 수 있도록 형성평가, 종합평가 등 다양한 평가를 구성하였다.

중앙에듀북스 관계자는 "이 시리즈의 저자는 한학자 집안에서 태어나 어려서부터 부친께 한학을 배웠고, 가업을 잇는다는 정신으로 한문교육과를 나와 학생들을 가르치고 있다"면서 "한자 때문에 울고 있는 여학생을 보고, 한학을 배우면서 힘들었던 자신의 어린 시절이 생각나 어떻게 하면 어려운 한자를 쉽고 재미있게 가르칠 수 있을까를 연구하여 집필했기 때문에 이 시리즈가 독자들에게 뜨거운 호응을 얻고 있다"고 말했다.

– 서울신문

초등학생과 중학생을 위한 초등 학습 한자 시리즈!

- 초등학교의 모든 교과서를 분석하고, 또 일상생활에서 자주 사용하는 한자어를 선별하여 초등학생이 기본적으로 꼭 알아야 할 학습 한자를 난이도에 따라 선정하였습니다.
- 6권은 중학교의 전문화된 교과서를 학습하기 위하여 필요한 한자를 선정하였습니다.
- 부수를 결합하여 한자가 만들어진 원리를 이해하며 쉽게 익힐 수 있습니다.
- 쉬운 한자풀이와 풍부한 해설 및 다양한 확인학습으로 개별 학습이 용이하여 선생님이 편합니다.

▼ 화제의 책!

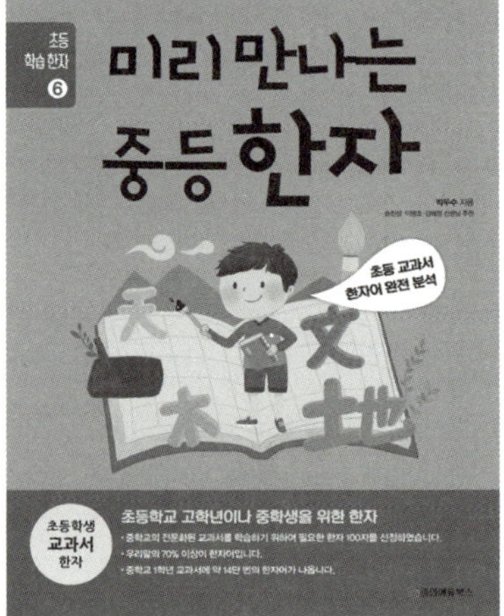

박두수 지음

송진섭 · 이병호 · 강혜정 선생님 추천

한자 & 일본어 학습 & 교육 지침서

  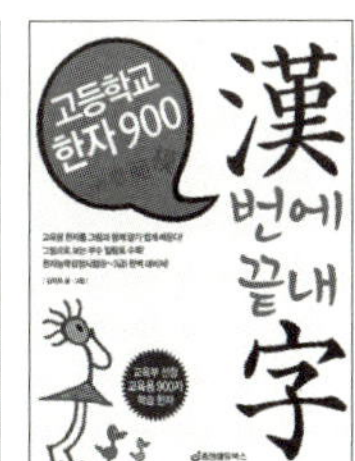

현직 선생님이 들려주는 **한자를 알면 세계가 좁다**
김미화 글 · 그림 | 올컬러 | 32,000원

중학교 900자 **漢번에 끝내字**
김미화 글 · 그림 | 올컬러 | 19,500원

고등학교 한자 900 **漢번에 끝내字**
김미화 글 · 그림 | 올컬러 | 22,000원

  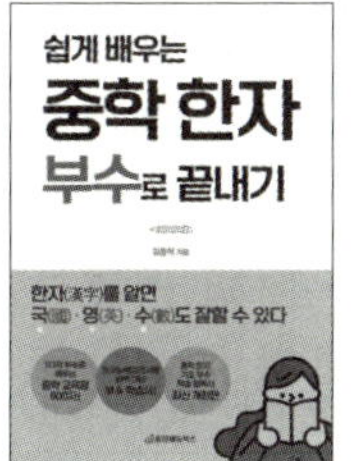

술술 외워지는 한자 1800
김미화 글 · 그림 | 올컬러 | 22,000원

한자 부수 제대로 알면 공부가 쉽다
김종혁 지음 | 22,000원

쉽게 배우는 **중학 한자** 부수로 끝내기 [최신 개정판]
김종혁 지음 | 17,500원

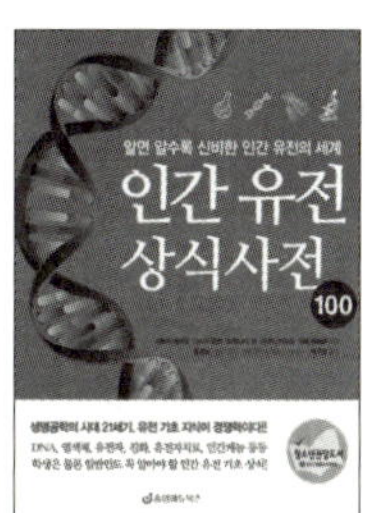

인간 유전 상식사전 100

사마키 에미코 외 지음 | 홍영남 감수
박주영 옮김 | 18,000원

한국간행물윤리위원회
청소년 권장도서!

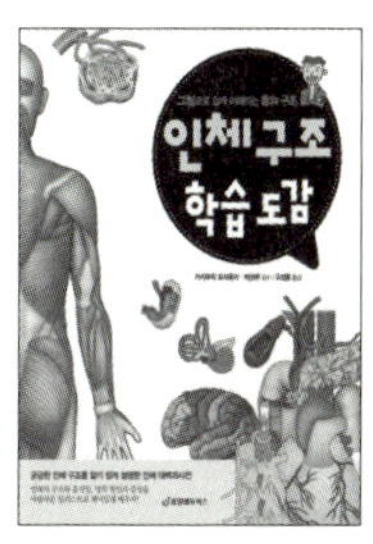

인체 구조 학습 도감

주부의 벗사 지음 | 고선윤 옮김
올컬러 | 22,000원

다음 백과사전 선정도서!

회화 · 문법 · 한자 한번에 끝내는
일본어 초급 핵심 마스터

강봉수 지음 | 18,000원

※ 무료 MP3 다운로드 :
www.japub.co.kr

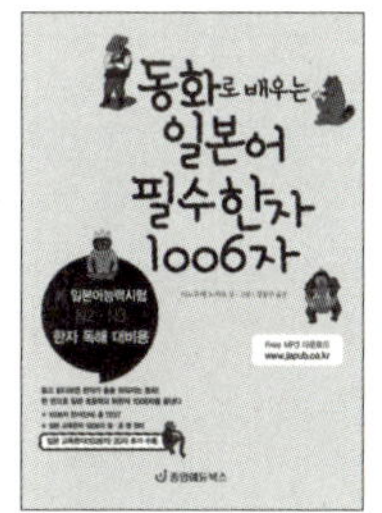

동화로 배우는
일본어 필수한자 1006자

이노우에 노리오 글 · 그림
강봉수 옮김 | 올컬러 | 16,800원

※ 무료 MP3 다운로드 :
www.japub.co.kr

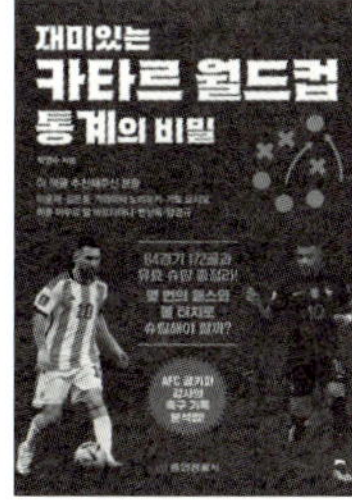

재미있는
카타르 월드컵 통계의 비밀

박영수 지음 | 19,500원

AFC 골키퍼 강사의
축구 기록 분석법!

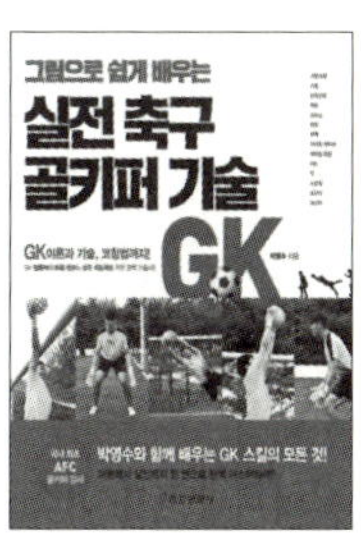

그림으로 쉽게 배우는
실전 축구 골키퍼 기술

박영수 지음 | 19,500원

국내 최초 AFC 골키퍼
강사가 알려주는 GK 스킬!

eBook 구매 가능

중앙에듀북스 Joongang Edubooks Publishing Co.
중앙경제평론사 | 중앙생활사 Joongang Economy Publishing Co./Joongang Life Publishing Co.

중앙에듀북스는 폭넓은 지식교양을 함양하고 미래를 선도한다는 신념 아래 설립된 교육 · 학습서 전문 출판사로서
우리나라와 세계를 이끌고 갈 청소년들에게 꿈과 희망을 주는 책을 발간하고 있습니다.

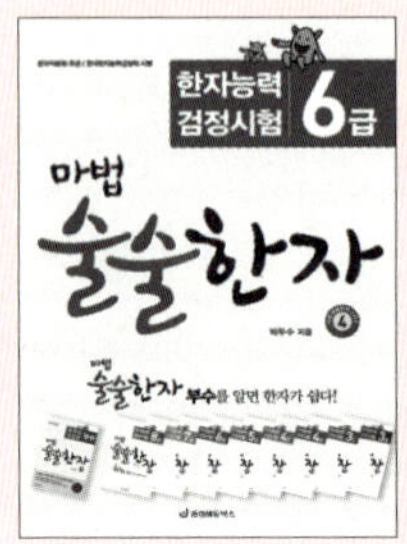

마법 술술한자 ④ (한자능력검정시험 6급) 〈최신 개정판〉

초판 1쇄 발행 | 2013년 9월 26일
초판 6쇄 발행 | 2023년 7월 15일
개정초판 1쇄 인쇄 | 2025년 12월 1일
개정초판 1쇄 발행 | 2025년 12월 10일

지은이 | 박두수(DuSu Park)
펴낸이 | 최점옥(JeomOg Choi)
펴낸곳 | 중앙에듀북스(Joongang Edubooks Publishing Co.)

대　　　표 | 김용주
책 임 편 집 | 박두수
본문디자인 | 박근영

출력 | 영신사　종이 | 에이엔페이퍼　인쇄 · 제본 | 영신사

잘못된 책은 구입한 서점에서 교환해드립니다.
가격은 표지 뒷면에 있습니다.

ISBN 978-89-94465-55-5(03700)

등록 | 2008년 10월 2일 제2-4993호
주소 | ⑨ 04590 서울시 중구 다산로20길 5(신당4동 340-128) 중앙빌딩
전화 | (02)2253-4463(代)　팩스 | (02)2253-7988
홈페이지 | www.japub.co.kr　블로그 | http://blog.naver.com/japub
네이버 스마트스토어 | https://smartstore.naver.com/jaub　이메일 | japub@naver.com
♣ 중앙에듀북스는 중앙경제평론사 · 중앙생활사와 자매회사입니다.

중앙에듀북스/중앙경제평론사/중앙생활사에서는 여러분의 소중한 원고를 기다리고 있습니다. 원고 투고는 이메일을
이용해주세요. 최선을 다해 독자들에게 사랑받는 양서로 만들어드리겠습니다. **이메일** | japub@naver.com